네게로 가는 길

네게로 가는 길

차영자 수필집

수필과비평사

| 작가의 말 |

네게로 가는 길의 여정

둘러 가는 멀고 굽은 길을 에움길이라 합니다. 누군가 거칠고 잡풀 무성한 길을, 지금도 걷고 있을 것입니다. 『네게로 가는 길』을 묶어보니 저는 에움길보다 쉬운 산비탈 기슭에 자드락길을 걸어온 것 같습니다.

소나기를 만나 비에 젖은 길을 걷고, 고샅길도 걸었습니다. 혹은 강변에 앉아서 물 위에 노는 한 마리 오리를 보며, 오롯이 나에게 집중하는 시간을 가지기도 했습니다.

글을 쓸수록 어려웠습니다. 여러 곳의 소소한 이야기들이지만, 지나간 시간을 되돌아보니 나를 지탱하게 만든 의미 있는 것들이었습니다.

이 수필집은 소중했던 순간의 조각들을 모아둔 작은 위문록慰問錄과 같습니다. 때론 유쾌하고, 때론 조금은 쓸쓸하고, 또 어떤 날은 마구 설레던 마음들을 꾸밈없이 담으려 노력했습니다. 내가 걸었던 길들에 대한 흔적을 모아 엮었습니다. 한 편이라도 일상 속 작은 위로나 잔잔한 미소로 남았으면 좋겠습니다.

2025년 늦가을 청원루에서

목차

작가의 말　　　　　　　05

1부
귀부 龜趺

청둥오리와 압형토기　　12
예림서원 점필재 전　　　17
한 번의 만남으로　　　　24
무심의 길　　　　　　　29
귀부 龜趺　　　　　　　35
토리　　　　　　　　　40
미완성 소설　　　　　　45

2부
도화 핀 봄밤의 처용무

내림 목탁	52
책과 노니는 길	57
나만의 완상玩賞	62
도화 핀 봄밤의 처용무	68
안과 밖의 사이	73
보랏빛 다리 그리고 섬	80
노계의 흔적을 찾아서	85

3부
캔들라이트 콘서트 나잇

모난 돌	92
호접란胡蝶蘭을 품다	97
시간여행과 이탄층	102
캔들라이트 콘서트 나잇	109
조선통신사와 조양각	114
푸른 방생	120
마음의 글	125
노을 속에 침묵한 자암서원	130

4부
네게로 가는 길

당의를 입다	138
60헤르츠	146
어산불영 魚山佛影	151
괴시마을에서	157
수리수리 마하수리	163
위문록 상자	169
남해 성지	174
네게로 가는 길	180

5부
슬립콘서트

거북의 빛	188
어머니 바늘	193
봄 편지 꽃편지	198
반구천 모은정에서	203
슬립 콘서트	209
눈길 위의 덕	214
월연대 월주경	220
울산에서 동검銅劍을 찾다	226

1부

귀부龜趺

청둥오리와 압형토기
예림서원 점필재 전
한 번의 만남으로
무심의 길
귀부龜趺
토리
미완성 소설

청둥오리와 압형토기

 시례마을 잠수교 옆 공터에 차를 멈춘다. 강 쪽으로 내려가 벤치에 앉아본다. 회갈색 암컷과 녹색 털의 수컷 청둥오리 떼에 눈길이 머문다. 강물에 유유히 놀고 있는 오리들을 보면 마음이 차분해진다.
 날개 퍼덕이던 새끼오리 여섯 마리가 줄을 지어 어미를 따라간다. 색이 화려한 수컷은 그들 뒤를 보호하는 듯 함께 한

다. 바람이 없어 그런지 잔잔한 물 위에 헤엄치는 오리 따라 삼각 스펙트럼 빛 줄무늬가 생겨난다.

동천강에는 강물 따라온 모래와 자갈이 쌓인 작은 모래섬이 있다. 봄이면 고마리, 여뀌, 강아지풀 등 풀꽃들이 피고, 사계절 물억새는 색을 바꾸며 제자리를 지키며 살아간다. 유속이 완만해서 그런지 늘 몇 마리 오리들을 만난다. 강태공이 낚싯대를 드리우고 있는 모습을 볼 수도 있다.

청둥오리 가족의 움직임을 보고 있으니 우리 집 토우가 생각난다. 현관 나뭇가지에 걸려 장식된 지 세월이 제법 흘렀다. 남편이 은퇴 전에 어떻게 살아갈 것인지 걱정하며 도예를 배워 만든 작품이다. 손안에 넣을 수 있는 아주 작은 갈색 토우 오리이다. 철을 다루던 거칠고 큰 손으로 섬세하게 귀여운 장식용 새를 만들어 온 것이 신기했다. 오리의 몸통은 살짝 각을 줬고, 목은 가늘고 부드럽게 기역 자 곡선을 가졌다.

문화센터 강의도 듣고, 촌음을 아껴가며 뭔가를 열심히 배우러 다녔다. 하지만 지금은 느긋하니 시간에 구애받지 않고 소일하면서 보낸다. 남편의 그 모습이 마치 현관에 장식된 토우처럼 느껴질 때가 있다. 은퇴 후 몇 년간은 '밤낮으로 일했으니, 몇 년 쉬었다가 어떤 일이라도 하겠지'라고 생각했다. 하지만 몇 년의 세월이 흘러도 남편은 뭘 해야겠다는 말이 없었다. 어느 날 내가 조심스럽게 말을 꺼냈다. 앞으로 백세시대 도래한다는데 미래가 걱정되지 않느냐고 물었더니 "내 할 일은 내가 알아서 한다."라며 버럭 화를 냈다.

둘이 함께 집에 있는 게 불편했다. 그런 차에 지인이 준 정보로 구청에 6개월간의 계약직 일자리를 얻게 되었다. 내가 매주 월요일에 한 번은 구청으로 출근했다. 다른 길로 출근할 수도 있었지만, 매번 동천서로 방향에서 시례마을 앞을 지나는 동천강의 잠수교를 건넜다. 이곳은 공항 근처라 어쩌다 한 번씩 이륙하는 비행기도 본다. 때론 하늘을 쳐다보고, 빈 의자에 앉아서 물오리들을 바라보는 것이 즐거웠다. 우리 동네를 찾는 철새며 풀꽃 위를 나는 나비도 보며 머물다 가곤 했다.

내가 구청으로 출근하는 월요일을 뺀 평일에는 동대산, 무룡산, 천마산 등 북구의 아홉 만디 산을 오르내려야 했다. 그 단기 일자리로 오랜 시간 남편과 불편한 시간을 보내지 않고, 자유롭게 밖을 나돌 수 있는 명분이 생겼다. 벤치에서 잠수교를 보면 오가는 차량이 제법 많다.

동천강을 지날 때 오리가 보이지 않으면 서운했다. 강물이 흐르고 낚시꾼이 있어도 동천강이 텅 빈 것처럼 허전했다. 바람이 불면 일렁이는 잔물결에 몸을 맡기고, 때로는 먹이를 찾아 물속 깊이 파고드는 오리가 눈에 아롱거렸다.

울산에는 유독 오리형 토기가 다른 지역에 비해서 많이 출토되었다. 몇 년 전 '영혼의 전달자와 동행' 특별전이 열렸다. 울산박물관과 대곡박물관에 있던 오리형 토기가 국립 중앙박물관으로 날아가 특별전에 참석했다는 소식이 들렸다. 그 토기는 소중한 이를 떠나보낼 때 무덤에 부장했던 특이한 모양의 이형토기다. 삼국시대 무덤에서 6개가 출토되어 특별히 관심을 가졌다.

오리형 토기는 이형토기로 한자로는 압형토기鴨形土器라 한다. 오리 압鴨자를 쓴다. 글자 왼쪽에 '갑甲'이라는 부수가 있는데 새 중에 으뜸이라는 뜻이 있다. 물에서도 헤엄치고 물속으로 다이빙도 한다. 하늘을 날기도 하니 정말 수륙양용 새이다. 학자들은 오리가 철새이면서 텃새이기도 하다고 했다. 이곳에 보금자리를 마련한 청둥오리도 계절 구분이 없다. 철새들도 혼란스러운 모양이다.

강물 위에 한가로워 보이는 오리는 물속에서 물갈퀴를 쉼 없이 움직이며 먹이를 찾는다. 푸른빛을 머금은 깃털 사이로 햇살이 물 알갱이처럼 되살아나는 소리를 듣는다. 회갈색 부리를 가진 어미 오리는 갖은 노력으로 가족을 잘 돌보는, 가족애가 두터운 새라고 한다.

오리가 없는 동천강은 쓸쓸할 것이다. 문득 남편이 생각난다. 하는 일 없는 장식된 토우가 아니라 우리 가족을 지켜주는 수호신이다. 겉으로는 한가해 보여도 물갈퀴를 쉼 없이 움직이는 저들처럼 지금까지 그의 물속 발버둥을 나는 헤아리지 못했다. 청둥오리 부부가 앞서나가고 새끼오리가 뒤를 따라간다. 그들의 행렬이 평화롭다.

예림서원 **점필재 전**

　창문을 내리니 사과 향이 코끝을 스친다. 터널을 지나 밀양 국도변 과수원에는 당도가 최고라는 명품 얼음골 사과가 주렁주렁 달려 있다. 나는 가을 속을 달리고 있다.
　밀양 예림서원을 가기엔 너무 이른 시간이라 점필재 생가가 있는 부북면 제대리로 차를 돌렸다. 마을 초입에 배추와 무가 자라는 작은 텃밭 옆, 잡초 속에 방치된 듯한 점필재 신도비각이 보였다. 길가에 서 있는 신도비는 가까운 거리에 무덤이나 재실이 있다는 신호라고 했다. 비각의 나무 보호막 사이로 금석문을 읽어 보려고 했지만, 한자 해독의 어려움에 입을 다물고 주위를 둘러보고는 생가로 바로 향했다.

밀양 부북면 제대리는 조선 전기 성리학의 첫걸음을 이끈 김숙자가 살던 곳이다. 또한 아들 점필재 김종직의 생가이기도 하다. 이 집의 당호는 추원재追遠齋이다. 조상의 덕을 추모한다는 뜻이 담겼다. 추원재는 선산 김씨 후손과 사람들이 집터를 재실로 꾸민 곳이다. 재실 앞 공원에는 김종직 선생의 흉상과 돌거북 받침에 용 문양을 새긴 비석이 서 있다. 점필재의 아버지 강호 김숙자 선생은 야은 길재로부터 글을 배웠고 세종 때 문과 급제 후 현감 등의 벼슬을 지냈다.

추원재 문을 들어서니 여러 개의 편액이 눈에 들어왔다. 이곳이 선산 김씨 재실을 겸하고 있으며, 점필재의 제자 한훤당 김굉필, 일두 정여창 제자들이 머물던 공간이라 생각하니 그들의 영혼이 깃든 것 같아 마음이 차분해졌다. 전심당傳心堂 편액이 문 위에 걸렸다. 전심은 곧 마음을 다스리는 것이라 했다. 선생은 외가인 이곳 밀양에서 태어났고 젊어 관직에 있을 때는 김천에 머물렀다. 하지만 퇴직 후 주로 밀양에서 노후를 보냈다고 하니 더욱 숙연한 마음으로 재실 이곳저곳을 둘러봤다. 고택이나 재실에서는 대부분 뒤편이나 동쪽에 사당 영역을 둔다. 하지만 집안의 구조에 따라 사당 위치를 달리 두기도 한다.

추원재의 동편에 담벼락 사이로 쪽문이 보였다. 문을 나와 대숲을 지나 솔숲 사이로 오 분 정도를 걸어 올랐다. 길 왼쪽 작은 비석에는 호랑이 무덤이라는 글이 새겨져 있었다. 영물인 호랑이가 그분께 은혜라도 입은 것인지 살아서 점필제 묘를 지켜주었다. 호랑이가 죽자, 고마움에 선산 김씨들은 이 호랑이의 무덤을 만들어주고 비석까지 세웠다고 한다.

소나무가 둘러싼 묘소에 도착했다. 문인석과 망주석이 특이했다. 무덤의 둘레 돌인 네모진 판석에는 사군자 문양이 새겨져 있고, 둘레 돌 위에는 봉분이 있다. 무덤을 좀 비켜서서 한문체로 기록한 행장이 새겨진 비석이 두 기나 있다. 그간의 세월을 말하듯 작은 반점의 돌꽃이 피었고 뒷면에는 은하수 같은 반점이 자잘하게 돋아났다.

점필재는 조선 전기의 문신이자 성리학자이다. 묘소 앞에서 잠시 묵념했다. 문화 해설사로 활동하던 시절 '국문학 속의 치술령'이라는 제목으로 점필재의 한시를 인용했던 기억이 떠올랐다. 그는 경상좌병영에서 1465~1467년, 3년간 병마 평사의 직을 맡았다. 선생은 울산에 3년간 머물렀다. 당시 울산이 본영이었기에 국방상 요충지를 일목요연하게 기록한 〈경상도지도〉를 만들어 좌병영에 배치해 두었고, 병마 절제사에 관한 제명기題名記를 완성했다. 그뿐만 아니라 태화루, 선바위, 우식곡, 치술령 등에 대한 시를 남겨서 국문학사에도 많이 회자되었다.

생가와 묘소를 둘러보고 학술대회가 열린다는 예림서원禮林書院으로 갔다. 서원 동문 입구에는 '점필재 전'과 '향교 서원 활용사업'이라 적힌 두 개의 깃발이 바람에 나풀거리고 있었다. 바로 옆에는 코로나19 방역을 점검하고 안내원이 방문 명부와 함께 서명하는 명부를 보여주었다. 점필재 선생의 제자는 이미 향교 제향에 올려져 있는데, 선생은 향교 문묘의 배향 인물에 빠져있다는 내용이 적혀있었다. 동방 18현 중 일두 정여창과 한훤당 김굉필 등 제자들은 향교에 배향되어 있다. 서원의 출입문 옆에는 "후세 역사가들은 그 시대의 변화와 발전을 추구한 개혁적인 인물로 평가했습니다."라며 서울서 오신 어떤 분이 점필재 선생이 향교에 제향되길 바라는 마음으로 서명을 권유하고 있었다. 그분들이 권유해서가 아니라 나 스스로 일두 정영창·한헌당 김굉필 등 제자들과 함께 존양을 받기를 바라는 마음으로 서명했다.

점필재는 조선 전기 문장가였고 세조에서 성종 대에 중앙과 지방의 주요 관직을 지냈다. 또 유학자로 제자를 길러내었기에 지역의 서원 몇 곳에는 배향되어 있다. 그래서 당연히 향교에도 배향된 인물이라 생각했다. 밀양의 지역유림들은 지금이라도 선생의 향교 문묘에 배향을 바라며 서명을 받고 있었다. 문화재 공부를 하면서도 이런 사실을 모르고 있었다니 부끄러운 마음이 들었다. '점필재 전'에 와서 알게 되었으니 오길 잘했구나하는 생각이 들었다.

예림서원은 점필재의 학문과 덕행을 추모하기 위해 덕성서원에서 다시 점필서원으로 편액을 올렸다가, 이곳으로 옮기면서 1670년 예림서원으로 사액 되었다. 서원의 구조는 출입문이 있고 그 위에 독서루가 있다. 몽양재와 돈선재 직방재가 있고 장판각에는 점필재 문집 등 문화재 자료가 있다. 서원의 강당인 구영당이 있고 사당인 육덕사가 있다. 앞으로는 강학 공간을 두고 뒤에는 제사 공간을 두는 전학후묘의 서원 배치양식이다.

　예전에도 두어 번 이곳을 다녀갔다. 하지만 오늘은 독서루지나 서원을 들어서 시선이 머문 곳은 다른 서원에서는 볼 수 없는 굵고 튼튼한 푸른 소나무였다. 마당 둔덕에 서서 당당히 가지를 펼친 모습에서 점필재 선생의 당당함을 보는 듯했다. 나는 구영당 뒤쪽에 있는 육덕사 앞마당에 밀양의 유림과 나란히 섰다. 고유제 의식을 위해 사당의 문이 열렸다. 사당인 육덕사에는 주벽으로 점필재 선생을 모시고 양쪽에 박한주·신계성 두 분이 배향되어 있었다.

　학술행사 시작에 앞서 예술공연이 펼쳐졌다. 서원 마당이 무대가 되었다. 전통악기 생황 연주 소리는 점필재 선생의 혼을 위로하듯 밤하늘로 퍼져나갔다. 이어서 부산대학교 점필재연구소에서 온 분들의 인사가 끝나고 서울에서 온 점필재 선생 연구자의 30분 강의가 진행되었다. 서원에서 초롱불을 밝히고 밤에 하는 짧은 학술대회라 무엇보다 인상에 남았다.

자연을 노래하고 인간의 도리를 중요시한 점필재는 왕의 그릇된 도리까지도 비판하며 명분과 절의를 지켰다. 그뿐만 아니라 강직한 선비의 담대함을 보여주었다. 그가 쓴 즈의제문弔義帝文은 사관으로 있던 제자 탁영 김일손이 사초로 채택했다. 그 일이 단초가 되어 무오사회戊午史禍때 그는 부관참시당했지만 중종반정으로 신원이 회복되었다. 점필재 문집 목판 등을 통하여 사상과 도학 정신을 이어가기 위한 예림서원의 학술대회는 매년 이어지고 있다.

이번 점필제 전은 문화재청에서 향교와 서원 문화재 활용사업의 하나다. 밀양의 예림서원에서 주최하는 이 행사에 닿은 내 발길이 헛되지 않기를 바라며 선생이 향교의 배향 인물로 모셔지길 염원한다. 돌아오는 밤길, 시골 풍경과 붉은 사과는 볼 수 없었지만, 마음은 등불이 켜진 듯 환하게 밝았다.

한 번의 만남으로

내비게이션 안내에 따라 길에 집중했다. 답사 모임에서 자주 지나다니는 길이지만, 혼자 운전해 목적지를 찾아간 적이 거의 없었기에 긴장하며 경주로 향했다. 불교문인협회 회원들과 늘 함께 다녔는데, 가족의 일정 때문에 이번엔 혼자 뒤따라가게 되었다.

통일전으로 향하는 길가에는 나목이 된 은행나무 가지 위에 갈까마귀 떼가 내려앉아 마치 꽃처럼 보인다. 노란 은행잎만큼 환하고 넉넉한 풍경은 아니었지만 시골길이라 차량 소음도 없이 조용하다. 동남들을 지나 화랑교육원과 헌강왕릉, 경주수목원을 지나서 옥룡암玉龍庵 주차장에 무사히 도착했다.

남산 계곡을 오른쪽에 두고 몇 걸음 걸어 옥룡암에 오른다. 경내로 들어서는 복잡한 문이 없어 누구든 편하게 절에 드나들 수 있다. 절 마당의 소박한 삼층석탑이 정겹다. 불국토인 남산골이지만 등산로가 사바세계라 암자를 드나드는 작고 짧은 다리는 피안교이다. 다리를 건너 정면에는 법당이 있고 왼쪽으로 요사체인 삼소헌三笑軒이 있다.

삼소헌은 지붕이며 벽체가 다 허물어져 곧 무너질 것 같았다. 이육사 시인이 이곳에 기거하며 「청포도」 초고를 썼다고 한다. 너무 삭막한 환경이라 264의 수인번호만 생각나게 할 뿐이었다. 하지만 삼소헌 앞에 서 있는 가지가 잘리고 굽은 소나무의 몸체를 보니, 민족 저항 시인의 굴곡진 삶이 연상되었다. 그렇게 굽어서도 천년을 살아가는 소나무의 자태에서 자연의 위대함이 엿보였다.

가끔 등산길에서 사찰을 만나면 등산화를 벗기가 번거로워 법당에 들어가지 않을 때도 있지만, 이번에는 마음속에 기원을 품은 터라 대웅전으로 들어갔다. 세 분의 부처님을 향하여 삼배했다. 마지막 삼배에서 나만의 걱정과 염려를 털어내 놓았다. 부처님 세 분이 지키는 대웅전 법당 안이 썰렁했다. 절 마당의 햇볕이 따뜻해 법당 안의 장엄구들을 제대로 보지 않고 곧장 밖으로 나왔다. 어디에도 스님은 보이지 않고 오디오를 통한 스님의 말씀만 들려왔다.

옥룡암은 근세에 지은 사찰이다. 대웅전 왼편 큰 바위에 새겨진 탑골마애불상군이 보인다. 이 근처 신라 고찰이 있었던 것으로 생각된다. 몇 발짝 더 오르니 우리보다 몇 걸음 앞서 온 스님이 동쪽 면을 보고 있다. 삼 층 건물 높이만큼 장대하고 단단한 석질에 마애불 형상들이 선각되어 있다. 옛사람들이 토템신앙으로 신성시했을 법한, 장엄한 위용을 지녔다.

바위 동쪽 면에는 보리수나무와 그 아래 수도승의 모습과 비천상 등을 새겼다. 굵은 선과 섬세한 새김의 선이 조화를 이루어 그런지 형상이 정겹다. 보리수나무 아래 부처의 탄생과 부처의 열반을 그린 사라쌍수 나무를 동화처럼 그려 신비롭다. 바위의 북쪽 면에는 10m 높이로 9층 탑을 도드라지게 부조해 두었고 조금 떨어져 7층 탑이 나란히 새겨진 것이 경이롭다. 돌을 찰흙 다루듯 했던 신라인들은 선각 마애불 탑 끝에 조형미가 뛰어난 풍경의 방울까지 새겼다. 또렷한 종 형상에서 나는 소리가 바위를 통해 은은히 울려 나오는 것만 같다.

화려하게 마애 된 탑을 누가 새겼는지 아무도 아는 이가 없다. 가까이 다가가 눈을 감고 나의 기원을 전한다. 그러고 나서 잠시 탑을 응시하다가 천년의 세월을 무사히 지나온 바위에 감사의 고개를 숙인다.

남면은 잠시 바위를 돌아 산길을 걸어 올라가야 했다. 산을 돌아드니 옥룡암 석탑보다 규모가 큰 삼층석탑이 있다. 낮쪽 면에는 쌀쌀한 솔바람 속에 세 분의 부처와 환조로 된 부처 조각상이 서 있다. 면을 깎아 움막처럼 들어간 감실에 새겨진 세 부처상이 또렷하다. 석질 때문인지 색이 옅은 주황색을 띠고 있어 부처상에 혈기가 돌고 있는 것처럼 보였다.

마애탑불상군 앞에서 만난 스님께 동면 불상에 대한 해석을 부탁하니 아주 간결하게 마애불상군을 설명해 주고 자리를 떴다. 하지만 곧이어 남면에서도 만났다. 스님 세 분이 탑이 새겨진 바위 그림을 둘러보고 마애불에 절을 했다. 잠시 만난 인연으로 스님들과 함께 기념사진도 찍었다. 불교문협회원과 잠시의 인연에 감사하며 스님께 모두 합장으로 예를 표했다.

  문화재 해설을 듣는 것과는 다르게 스님의 마애불 설명은 편안한 법문처럼 들렸다. 나는 그 스님이 어느 절에 주석하는지 궁금했다. 스님 곁으로 가서 머무는 곳이 어디인가 여쭤보았다. 스님은 물음에 답을 하지 않았다. 속세인을 멀리하는 분 같았다. 어딘지 모르게 맑아 보이는 그 스님을 다시 만나고 싶은 마음에 용기를 낸 내가 머쓱했다. 그렇지만, 자신을 밝히지 않고 떠난 스님의 모습이 아름답게 기억에 남았다. 한 번 만남은 영원한 만남과 같은 것이니 구태여 다시 만나지 않아도 된다는 뜻으로 생각하여 스님이 섰던 빈자리를 잠시 바라보았다. 마음이 정화되는 것 같았다. 탑곡 마애불도 떠나신 스님도 오래 기억하고 싶었다.

무심의 길

 비 내리는 날, 칠불암을 향해 걷는다. 서출지를 지나 남산사 폐사지를 지나는 이 길은 흔히들 삼국유사 속 설화를 피워내는 꽃길이라 부르곤 한다. 마을 골목길 낮은 담장 옆에 꽃들이 피어있어 한층 정겹다. 골목길 끝자락 초록 잔디가 무성한 폐사지를 만난다. '나, 석탑이 지키고 있소!'라는 소리없는 아우성이 들리는 것 같다. 염불사지의 쌍탑이 눈길을 끈다. 폐사지가 있는 이 마을은 신라 때 세상을 피해 숨어 사는 마을로 피리촌避里村으로 불렸다.

동행하던 분이 삼국유사 속 염불사 이야기 꽃을 피운다. '피리를 잘 부는 스님이 있었던 절이다!'라며 지나치려다 '피리와 염불'이 주는 문자 향에 나의 팔랑귀가 그녀의 말을 주워 담는다. "경주 남산의 동남쪽 기슭 피리 마을에 피리사가 있었다. 피하여 은둔하는 뜻을 가진 피리사避里寺에는 신기하고 기이한 승려가 있었고, 항상 경전을 염불했다. 승려의 염불 소리가 신라의 성안까지 들려 360방 17만 호에서 염불 소리를 듣지 않은 사람이 없었다. 사람들은 그 스님이 돌아가시자 흙으로 스님의 형상을 빚어 민장사敏藏寺에 모셨다."라고 전한다.

염불하는 스님의 낭랑한 목소리를 상상하며 사과나무 과수원 길을 지난다. 벌써 칠불암 오르는 들머리에 왔다. 길 왼편에 비를 맞고 있는 지게가 보인다. 누구든 칠불암에 배달될 짐을 지고 올라가도록 준비해 둔 것이다. 짐을 나르는 일은 덕을 쌓는 일이다. 하지만 그 기회는 아무에게나 주어지지 않는가 보다. 비가 와서 그런지 칠불암으로 지고 갈 짐이 없다.

　사람의 출입을 집계하는 간이 출입문과 계곡 위에 놓인 다리를 지나 오솔길로 접어든다. 외길을 따라 오르니 하늘에서 흰별이 떨어진듯 때죽나무꽃이 바닥에 흩어져있다. 떨어진 꽃을 밟을까, 말까, 선택의 순간 앞에서 번민이 인다. 산길을 돌고 돌아가듯 많은 것을 가지려는 욕망, 남에게 뒤지지 않으려는 욕심이 끝없이 이어진다. 하지만 사찰로 가는 길섶에 핀 작은 야생화를 만나거나 솔향이 나는 숲길을 걷는 순간만큼은 모든 번뇌가 사라지는 듯하다.

　내리던 비로 인해 숲길은 물안개로 가득하다. 눈 앞에 펼쳐진 풍경은 진경산수화다. 소만에 내리는 비는 농사에 도움이 된다 하니 감사하며 바위를 에둘러 산길을 오른다. 숨을 헐떡이며 오로지 발끝만 쳐다보고 걷는 무심의 길이다. 아니, 기도의 길이다. 칠불암 오가는 길은 속세에 있는 유명 사찰과는 다르게 사람의 발자국으로 만들어졌다. 속세의 사찰은 대부분 자동차를 타고 편히 오가는 길이다. 가끔 오랜만에 사찰을 찾아 호젓한 기분으로 걷다가 스님이 자동차를 타고 경내로 들어가는 걸 보면 뭔지 모를 껄끄러움이 들곤 했다. 하지만 칠불암 길은 스님은 물론, 남녀노소 구별이 없다. 그 누구나 똑같이 걸어야 하기에 평등한 길인 셈이다.

봉화산을 왼쪽으로 두고 골짜기로 접어든다. 몸에는 땀이 흐르고 마음은 물안개에 흠뻑 젖는다. 한 시간 정도 걷다 보니 어느새 물안개가 사라지고 눈앞에는 단청이 없는 건물이 보인다. 칠불암의 요사체인 대안당이다. 큰 대 편안할 안, 대안은 칠불암의 요사채로 원효스님이 존경하던 대안스님의 화두였다. 항상 '대안, 대안' 하면서 일생을 보냈다. 모든 사람이 편안했으면 좋겠다는 대안스님의 말을 되뇌어본다. 폭이 좁은 툇마루에 걸터앉아 물도 마시고 잠깐 쉬어가기로 한다. 공양할 시간임을 확인하고 김밥으로 허기를 채운다. 그때 다람쥐 한 마리가 빗속에서도 대안당 좁은 마당을 서성거린다. 다람쥐는 사람이 자신을 귀여워한다는 걸 아는지 피하지도 않는다. 던져준 호두를 주워 안고 쳇바퀴가 돌듯 돌돌 돌리더니 이내 숲으로 사라진다.

다람쥐의 재주를 보며 요기도 했으니 다시 칠불암으로 향한다. 길섶에는 사철 푸른 수련대가 양쪽으로 나열해 일주문 들어가는 기분이다. 경사진 돌계단을 오르니 숨이 턱까지 차오른다. 드디어 일곱 분의 마애불이 보인다. 일곱 분의 부처가 있다고 해서 칠불암이라고 부른다. 사각의 바위에 네 분의 부처가 있고 병풍바위에 마애삼존불이 있다. 많은 불상이 있는데 삼국유사와 삼국사기에도 기록이 없다니 김대성이, 일연스님이 이곳을 몰랐을까? 아직도 풀지 못한 의문이다.

남산에는 노천에 많은 마애불이 있다. 하지만 칠불암의 마애불상 군은 남산 유일의 국보이다. 또 삼존불 중 본존불은 석가모니 성도 직전에 악귀를 물리친다는 항마촉지인을 하고 동해를 바라보고 있다. 왜가 동해 쪽을 침공해 올 때 신라의 평안을 바라던 호국사찰일 가능성이 있다. 수많은 사람의 비손을 들어주는 본존불에 나도 두 손 모으고 고개 숙인다. 잠시 불상 앞에서 마음을 풀어놓고 더 높은 곳에 있다는 신선암 마애불을 찾아 산길을 걷는다.

일곱 마애불 왼쪽 숲길을 걸어서 신선암 마애불로 오른다. 누군가가 암벽 위로 길을 만들어 놓았다. 숨을 몰아쉬다가 철로 만든 계단을 만나니 새삼 길을 만들어준 이가 고맙다. 팔부능선쯤에 이르니 표지판이 보인다. 언양 고인돌 크기의 바위를 휘돌아가니 그 아래쪽 겉면에 신선암 마애보살상이 있다.

칠불암을 내려다보니 무릎을 내리고 가장 편안한 자세인 유희좌遊戱坐를 한 보살상이 구름 대좌에 앉아있다. 머리에는 보관을 썼고 손에 연꽃 가지를 든 신성한 보살상이다. 생전 한가할 때 앉아 있던 어머니의 모습을 닮았다. 힘들게 걸어온 나를 위로하듯 온화한 미소로 반긴다.

살다 보면 잘 다니던 길도 갑자기 방향을 잃고 헤맬 때가 있다. 나도 모르게 종교에 의지하고 싶은 마음이 생겨 사찰을 찾아 나선다. 묵묵히 길을 걷다 보면 오늘처럼 꽃을 들고 반기는 누군가를 만난다. 온 우주가 중중무진연기重重無盡緣起로 나를 이끌어 잠깐 복락을 누린다. 그곳에서 잠시 머물다가 돌아온다.

내려오는 길에는 머리가 맑아졌다. 힘들게 올랐던 번뇌의 길, 평등의 길, 무심의 길이 사라지고 칠불암의 마애불상 모습만 머릿속에 또렷이 남는다.

귀부龜趺

　일기예보에도 없던 자드락 비가 다녀간 날이다. 사천왕사지 앞들 노천에 있는 귀부와 마주한다. 엉금엉금 기어가다 멈춘 듯한 돌거북이다. 일기가 고른 날에는 돌거북 등에 마른 협곡처럼 움푹 파여 있었는데 오늘은 동쪽 귀부에 빗물이 고여 얕은 연지가 생겼다. 경주의 낭산 자락 신라 때 신들이 노닐던 신유림이라 불렀던 곳이다.

무거운 비신을 등에 업은 귀부를 보면 어머니의 굽은 등이 생각난다. 지난날 우리 집 형편은 넉넉지 못했다. 어머니는 허리가 휘도록 밭일을 했다. 작은 아들인 아버지는 할아버지에게 받은 살림이 많지 않았고 시기적으로 어려운 시대를 살았다.

일제강점기 때라 징용에 끌려가지 않으려고 아버지는 집을 떠나 있어 살림에 도움을 주지 못했다. 혼자 힘으로 자식 다섯을 돌보느라 남의 밭을 부치는 일이 등짐으로 주어졌지만, 어머니는 그 또한 운명으로 받아들였다.

귀부는 거북 모양으로 만든 비석의 받침돌을 말한다. 비석 기둥 즉 몸을 품어야 하는 운명이다. 이곳의 두 귀부는 마땅히 있어야 하는 몸과 머리를 잃었다. 귀부는 신라 때 세 부분으로 나누어 만든 경우가 많다. 신유림으로 이 일대에 망덕사가 있고 선덕여왕릉이 있는 호국의 중심지였다. 호국사찰 사천왕사지 앞들에 두 기의 비신과 이수는 어디로 갔는지 행방이 묘연하다. 이곳의 귀부를 보면 목이 잘린 부처상을 보는 것 같이 가슴이 시리다.

현존하는 귀부 중에 가장 오래된 것은 어떤 것일까? 궁금

중에 문화재 탐방에 수 없는 발품을 팔았다. 그러면서 경주의 솔숲 왕릉에 7세기 중엽에 세워진 태종무열왕릉비를 거뜬히 얹고 있는 귀부의 규모에 놀랐다. 목은 앞으로 쭉 빼고 눈은 크게 뜬 채 입을 다문 모습이다. 사실적이면서도 박진감 넘치는 뛰어난 조각 수법으로 정형적인 통일신라 양식이다. 거북의 몸에 용의 머리를 한 형태로 조각이 정교해 세월을 담아온 귀부의 모습과 선조들이 새긴 글을 보면서 감탄할 때가 많다.

귀부는 거북 모양 비석을 꽂을 수 있는 받침돌로 중국 전설 속에 나오는 비희贔屭에서 유래되었다. 비희는 용왕의 아홉 아들 중 하나로 거북의 등에 용의 몸을 하고 있으며 무거운 짐을 짊어지고 살았다고 한다. 화강암에 거북 모양을 조각해 등껍질에 비신을 꽂기 위한 공간을 마련한다. 이 세상에 영원히 남기고 후세에 널리 전해야 하는 이름이나 글을 적어 비석에 새겨 돌거북 등에 꽂아 세운다. 그 위에 이수라 부르는 머릿돌을 얹으면 온전한 귀부가 된다.

묵묵히 제 임무를 하는 귀부를 보면서 나 또한 아들이 세상에 바로 서기 위한 받침이 되어주어야겠다고 생각했다. 한

해 두 해를 지나니 내 마음에도 불안의 꽃이 피기 시작했다. 나 같으면 연이은 낙방에 실망하고 힘을 잃을 텐데 아들은, "어머니 한 해만 더 해 보겠습니다."라며 걱정하는 표정이 아니었다. 내가 할 수 있는 일은 없었다. 그저 용기를 북돋아 주고 먹거리를 챙기며 문화재 발굴 현장에서 내 일을 묵묵히 해나갔다. 나의 본보기가 된 친정어머니가 말없이 행동으로 보여 준 자식 사랑의 피가 내 몸속에도 흐르고 있었다.

사천왕사지 앞 귀부는 아래쪽에 있는 망덕사지로 가다가 멈춘 것일까? 나는 신라 석공이 만든 돌거북 두 마리 곁을 서성인다. 빗물이 스며들었는지 땅을 향한 꽃잎 복연復蓮이 오늘따라 더 도드라졌다. 귀부를 가진 돌거북도 통일신라 최고의 석공 양지 스님이 만들었는지도 모른다. 신라 시대 마애불이나 탑, 귀부 등 석공 장인의 예술 감각이 뛰어나 조각상들을 볼 때마다 이름 하나 남기지 않고 작품을 만든 예술혼에 찬사를 보낸다.

거북의 등에 비석 자리를 마련하고, 비신을 세우는 것은 중국 당나라 때다. 만년을 산다는 거북이 장수의 상징으로 비석의 영원성을 표현하는 데 이용했다. 통일신라 이후 당나라 비석의 영향으로 귀부를 비좌로 삼게 되었고, 그 뒤로 고려와 조선 시대를 통하여 큰 인물을 기리는 비석의 전형적인 형식이 되었다.

몸돌을 잃은 사천왕사지 동편 귀부의 등을 손으로 가만히 만져본다. 비신은 어디로 갔을까 행방을 알 수 없다. 천년의 세월 동안 한 자리에서 견뎌 왔지만, 그 모습은 꿋꿋하고 변함이 없다. 가족의 생계를 짊어져야 했던 어머니와 무거운 짐을 지고 있는 귀부를 보면서 인내와 헌신이 무엇인가 잠시 나를 돌아본다. 내가 오랫동안 매장문화재 발굴 현장에서 즐겁게 일할 수 있었던 것도 어머니의 모습을 몸으로 익힌 것이 아닐까. 한여름 들판에서 뜨거운 햇볕과 겨울의 혹독한 추위를 참아가며, 유구 실측을 위해 수천 번 허리를 굽히고 펴고를 반복하는 일을 해냈다.

귀부로써 자신의 본분을 다한다는 것은 무엇인가를 떠받치고 기반이 된다는 것이다. 아들이 서두르지 않고 천천히 해야 할 일을 한 덕에 4년 만에 임용에 합격해 제 갈 길을 가고 있다. 귀부처럼 누군가의 받침이 되어줄 수 있는 사람이 되길 바란다.

토리

 홍굴레더 홍굴레더 홍굴레더, 어허 불매야…. 울산쇠부리 소리의 일부분이다. 홍굴레는 홍시 색깔의 잘 익은 숯불을 일컫는 말로, 제련 현장의 뜻이 담긴 울산의 소리다. 쇠부리터 일꾼들의 노동요가 일반에 퍼져 마을에서 구전됐다.
 일꾼들이 내는 흥얼거리는 소리는 민요에 속한다. 민요는 부르는 사람에 따라 가사가 조금씩 달라진다. 대부분 문자

나 악보로 전해지지 않고 구전으로만 전해졌다. 게다가 지방 고유의 말을 문자화한 것이다 보니 소리를 하는 사람들이 그 뜻을 명확하게 알지 못한 경우가 많다. 또 같은 말이라도 그 지방의 억양에 따라 다른 뜻을 나타내기도 하지 않던가. 소리와 민요도 마찬가지다. 사투리의 민요 가사를 쉽게 이해하지 못하는 것도 그 때문인 것 같다.

'홍굴레더 홍굴레더' 울산의 달천철장 석축형 제철로에서 아궁이에 불을 지피는 불매꾼이 내는 소리다. 불매는 풀무의 방언이다. 제철로에 철광석을 넣고 불이 꺼지지 않도록 송풍기를 밟아 불씨를 지켰던 사람을 불매꾼이라 부른다. 쇠을 만드는 과정에서 힘든 노동을 이겨내기 위해 그들이 불렀던 소리가 울산쇠부리소리인데, 이것이 토리이다.

토리 중에 메나리토리가 있다. 메나리는 논매는 소리를 말한다. 한반도 동부 지역인 함경도, 강원도 경상도에서 많이 찾을 수 있는 어법이다. 이외에도 경토리, 서도토리, 육자배기 토리, 제주도 토리 등이 있다. 민요 음들의 기능, 음이 움직이는 방식, 발성법, 장식음 모두 포괄해서 순우리말로 '토리'라고 한다. 우리말이 지역에 따라 높낮이가 다르듯 트도 불리던 지역의 특성을 담고 있다.

어릴 적 고향 마을에서 들었던 상엿소리나 모내기 소리도 토리다. 그중 상엿소리는 상여 앞에서 선소리로 망자의 명복을 빌면서 이별의 슬픔을 사설했던 것으로 생각된다. 상주를 비롯한 유가족들을 달래는 토리였다. 사설을 선소리꾼이 먼저 부르고, 상여꾼들이 후렴을 했다. 시조창을 좋아하셨던 아버지는 마을에 상이 나면, 꽃상여 앞에서 소리를 하셨다. 상여꾼은 아버지의 앞소리를 받아서 "어하— 넘차, 어하— 넘—" 소리를 했는데 그 모습이 눈에 선하다.

한 마을에서 오랜 정을 나누며 살다가 떠난 망자의 생전 추억을 계면조로 부르면, 상주들의 곡소리는 더 커졌다. 망자가 탄 꽃상여가 북망산천을 올라가는 슬픈 현장에서 앞소리 하는 모습을 당시엔 나는 좋아하지 않았다. 지금 생각해 보니, 아버지가 상여 앞에서 앞소리인 만가를 불렀던 이유를 알 것 같다. 당신이 망자나 상주를 위로코자 땀 흘리며 선한 일을 하셨다는 생각이 든다. 앞소리였던 만가, 장례 의식 중 하나였고 우리 고유 문화의 토리라는 걸 이제야 알게 되었다.

울산쇠부리 소리에는 쇠부리 불매소리, 쇠부리 금줄소리, 애기 어루는 불매소리, 성냥간 불매소리, 쇠부리난장 소리가 있다. 그 중, 쇠부리터 인근 마을에서 아기가 태어나면, 일을 나간 부모를 대신해 할머니가 우는 아이를 달래기 위해 불러주던 자장가 토리가 있었다. 울산의 쇠부리소리에 자장가가 들어있다는 것, 노동과 아이 돌보기를 같이했던 어른들의 지혜가 담긴 울산의 토리이다.

울산박물관에서 우연히 토리와 울산 민요를 배우는 시간이 있었다. 지역별 토리와 울산 민요 알아보기 시간이었다. 민요 속 토리에 관하여 알아보고 노래를 직접 불러보기도 했다. 그 후 자신 있는 사람은 앞에 나와 불러보라 했지만, 선뜻 나서는 이가 없었다. 그러자 강사님이 교육생 한 명을 지정해 강당 앞에 세워 민요를 부르게 했다. 몇 분이 앞서 민요를 불렀고, 나도 강사의 손에 이끌려 강당 앞으로 나가 노래를 부르게 되었다.

긴장된 마음에 민요는 곧 개성을 가진 토리라는 생각으로 많은 교육생 앞에서 몽금포타령을 불렀다. 몇 소절을 부르다 정신을 차려보니 어느새 내 몸이 박자를 맞추느라 어깨를 들썩이고 있었다. 내 박자대로 엉터리 민요를 불렀지만, 강사님이 사비로 준비해 온 국악기 소금小笒을 선물로 받았다.

나도 모르게 어깨가 들썩거려진 이유가 무엇일까. 생각해 보니 아버지에게서 물려받은 끼가 내 안에 잠재되어 있었던 모양이다. 몸치인 내가 소리에 맞춰 흥을 탄다. 신명 난 토리에 춤사위가 더해지니 온몸에 한바탕 희열이 차오른다.

박물관 강좌가 민요 속 지역별 토리를 새롭게 인식하는 소중한 기회였다.

미완성 소설

　소설이라는 장르는 자유로운 허구성이 무궁무진해서 좋다. 다른 사람 삶의 이야기에 몰입하여 분노하게 하고 때론 진한 감동을 하게 한다. 소설이 주는 넓이와 깊이와 높이에 깨우치며 문학이 종교와 같다고 생각을 해 본다.
　얼마 전 울산문인협회 주관으로 "울산지역 문학 자산의 발굴과 활용을 위해서는 문학관 건립이 필요하다"라는 행사에 참여했다. 문학인으로 그 자리에서 토론자들의 말을 듣고 공감하며 경청했다.

 문학관 건립에 필요한 조건들을 공개 토론하는 과정에서 나는 깜짝 놀랐다. 토론자로 나온 부산대 국문학과 교수가 근대 최초의 탐정소설 『혈가사』를 쓴 소설가 박병호가 울산 사람이라고 했다. 교과서 밖의 문학사가 얼마나 많을까마는 울산에 살고 있기에 귀가 팔랑했다. 나는 울산이 제2의 고향이다. 30년이 넘게 이곳에 사는 문학인으로 울산의 근대문학사에 대해 알아보고 싶었다.

 큰아이가 초등학교 3학년 때 방학 숙제로 '울산을 아십니까?'라는 과제를 함께했다. 그때 만든 자료집 제목이다. 울산 유적지 사진을 찍어 아들과 함께 백지에 붙여 과제물을 만들었다. 아이는 방학 과제물 우수상을 받아왔다. 울산 유적 곳곳을 직접 찾아다니며 생생한 현장감이 있어 점수를 후하게 준 것이다. 이처럼 나의 울산 사랑을 일찍부터 시작되었다.

 아들과 딸이 자라 중고등학생이 되자 나는 도서관에 드나들며 문학의 향기에 스며들었다. 독서회에서 독후감이나 수필은 문단 선배의 글을 한두 편씩 흉내를 내고 있었다. 그러던 중 울산문협주관 문학아카데미에서 강의를 듣게 되었다. 소설 강의를 듣게 되면서 한 편의 소설을 썼다.

 소설 강좌 몇 회를 듣고 과제물로 쓴 것이 '12가지 소나무'였다. 그때 소설 한 편을 습작만 해도 스스로 대견하다는 생각이 들었다. 선생님은 내가 쓴 중편 소설을 열심히 읽어 주었다. 읽고는 얼굴에 미소만 짓고 말씀을 안 하셨다. 고향 소나무가 12가지를 가진 소나무로 그 앞을 지나는 사람에게 생긴 일화를 바탕으로 쓴 소설이었다. 슬픈 이야기이지만 언젠가 제대로 완성해 볼 생각이다.

 매년 많은 소설집이 출판되고 있다. 작년에는 노벨문학상 수상 소식으로 한국의 소설을 전 세계로 알리는 계기가 되었다. 덕분에 소설책을 사는 사람이 많아졌고 신세대를 대상으로 하는 소설 강좌가 인기 있다는 기사를 본 적이 있다.

 매월 한 권의 소설을 완독하고 있다. 최근에는 소설 낭독을 해 주는 앱이 있어 예전처럼 소설 재미에 빠져들기는 쉽지 않다. 수많은 세계 명작과 노벨문학상 수상작을 낭독해 주니 집안일을 해가며 들을 수 있어 좋다. 바쁠 때는 소설 읽기가 아닌 듣기가 있어도 역시 소설의 재미는 책장을 한 장 한 장 넘겨 가며 읽어야 그 맛을 알 수 있다.

몇 해 전에는 울산의 올해의 책 선정위원이 된 적이 있었다. 그해 추석 대목을 20일 앞두고 성인 문학 분야 책 10권을 받아서 바빴던 기억이 있다. 오랜 기간 독서회 활동을 한 사람을 위주로 선정해서 미리 책을 읽은 후 올해의 책을 선정한다. 나는 도서관에서 여러 분야별 나눠 '올해의 책'으로 선정한 것 중 특히 소설 분야에 집중했다. 소설을 읽는 즐거움으로 나는 농소3동 도서관 마음밭독서회에 참여하고 있다.

울산의 근대 문학으로 한국 최초의 탐정 소설가 박병호가 쓴 소설을 찾아보니 『혈가사血袈裟』라는 소설이 제일 눈에 띄었다. 고 김태근 선생님은 연극협회를 이끌었던 분으로 혈가사라는 작품을 연극으로 각색해 올렸다는 기록도 있다. 울산에서 태어나 그 터전을 지키며 살았던 분들은 알 수 있는 울산의 문학사. 산업화가 이루어지면서 울산의 문학사가 너무 뒷전으로 밀려난 것이 아닐까?

인터넷에 한국 근대 최초의 탐정 소설가 박병호를 찾으니 통도사 '취산보림' 종합 대중잡지를 편집, 인천 근대문학전시관에서 한국 근대 추리소설 특별전을 했다는 자료들이 나왔다. 문학관 건립을 위한 행사에 참여하지 않았으면 아직도 모르고 있을 울산의 소설가이다. 문학관이 건립되면 울산의 고대와 근대 현대를 아우르는 문학사가 일목요연하게 정리될 것이다.

지금 나는 인천문화재단에서 출시된 근대 노블리스트 박병호의 장편 탐정소설 『혈가사』를 읽고 있다.

2부

도화 핀 봄밤의 처용무

내림 목탁
책과 노니는 길
나만의 완상玩賞
도화 핀 봄밤의 처용무
안과 밖의 사이
보랏빛 다리 그리고 섬
노계의 흔적을 찾아서

내림 목탁

스님이 법당에서 목탁을 치는 이유가 궁금했다.

지난해 전라남도 송광사에 갔다. 승보사찰로 널리 알려진 절 찻집 끽다거喫茶去에서 흙을 구워 만든 도자기 재질의 빨강 목탁을 보았다. 이 사찰의 스님이 만들어 공예대전에 출품해 수상까지 했다고 한다. 호두과자 크기의 빨간 자기磁器 목탁이 신기했다. 나무로 만든 목탁을 치는 소리만 들어온 터라 자기로 된 그 소리가 궁금하기도 했다.

땡- 땡-자기로 만든 빨간 탁은 소리가 또렷하고, 그다지 싫지 않았다. 그간 나는 나무목탁 소리가 마치 딱따구리가 나무를 쪼는 듯한 소리로 들려 마음 편하게 들었다. 산속 깊은 절을 찾아 힘든 산길을 오를 때 스님의 염불 소리와 목탁 소리가 들리면 산 오르기의 고행이 끝나간다는 것을 암시해 주는 것 같아 발걸음이 가벼워지곤 했다.

최근에 깊은 산속이 아닌 울산 남구에 있는 정토사에 문학으로 인연을 맺어 드나들게 되었다. 집에서 가까워 마음만 먹으면 언제든지 갈 수 있는 절이다. 지금까지 내가 다니던 절은 강을 건너서 깊은 명산에 자리한 사찰들이었다. 절은 고요한 산에 있어야 좋다고 생각해 집 가까이에 절이 있어도 찾지 않았다. 여러 일로 마음에 여유가 없이 다녔던 터라 불교의 기본 예의 법도는 잘 알지 못했다.

정토사 교육팀 보살이 문인들을 위한 저녁 등불을 밝혔다. 절하는 것을 직접 몸으로 시연해 보였다. 부처님께 삼배하는 법과 목탁 소리에 관한 것도 알려주었다. 지금까지 대부분 사찰에는 저녁 공양 이후 시간은 고요하다고 생각해 왔다. 그러나 정토사는 달랐다. 그분들 덕에 불교 기본예절을 배울 수 있었다. 불교의 가르침을 배우는 사람이 많아 저녁에도 등불을 밝히고 경전을 배우고 있는 수강생들이 있어서 누구나 편히 찾을 수 있는 공간이 있어서 좋았다.

그들은 불은 부처님으로 깨달음을 이룬 존재, 법은 부처님이 깨달은 진리 즉 불법, 그 가르침에 따라 수행하는 스님인 승, 이렇게 삼보에 귀의하는 마음으로 세 번 절하는 것이라 했다. 불·법·승 삼보에 귀의하는 삼귀의계三歸依戒를 받아 지니고 있음을 표현하는 행위라고 말했다. 보살은 동영상을 보여 주며 올림 목탁과 내림 목탁 소리를 들려주었다. 그 두 가지 중 내림 목탁이라는 단어가 내 마음속 깊이 와 닿았다. 나무 목木, 방울 탁鐸, 나무 방울을 방망이로 두드리는 것에 그 뜻이 담겨있는 듯했다.

대웅전 마당에서 잠시 발걸음을 멈추고 가만히 목탁 소리를 다시 들어보았다. 내가 집중한 내림 목탁 소리가 똑, 똑, 똑 또르르 높은 소리에서 낮은 소리로 낮아지며 들린다. 그 소리가 멈추고 잠시 침묵이 흐른다. 다시 또 올림 목탁 소리가 똑. 똑, 똑 큰소리와 함께 스님이 불경을 외우기 시작한다.

　예전에 어쩌다 법회에 참석해 스님이 치는 목탁 소리에 맞춰 옆 사람의 눈치를 살피며 불전을 향해 고개를 숙였던 일이 생각났다. 내림 목탁 소리였다. 마음의 떨림이 왔다. 내림 목탁 소리에 맞춰 고개를 숙이면, 어지럽던 마음을 차분히 내려놓게 되었다. 스님이 치는 목탁에 관심을 두고 들어보니 신기하게도 음률과 박자가 절묘한 조화를 이루었다.

　목탁은 둥근 나무에 손잡이가 있고 나무의 나이테와 결이 살아 있다. 나무 방망이로 목탁을 치면 힘의 강약에 따라 다양한 소리가 울린다. 음표도 없이 치는 목탁 소리에 올림 목탁과 내림 목탁이 있고 리듬이 살아 있어 신기할 뿐이었다. 갈돌과 돌판의 조화처럼, 둘 중 하나가 없으면 그 기능을 상실하듯 둘이 만난 화음이 마음을 깨우는 소리로 거듭나는 것이다. 그것이 신성한 불구佛具라는 생각에 경배심이 일었다.

　초기 목탁은 나무를 깎아서 만든 물고기 모양이었다고 한다. 어쩌다 산 중 절에서 사용하는 불구가 물에 사는 물고기 모양이었을까 궁금했다. 어느 날 불성이 깊고 자비를 실천하는 지인에게 그 이유를 슬며시 물어보았더니, 그는 '불전사물인 운판, 법고, 범종, 목어를 통해 아침과 저녁 사물을 두드려 하늘과 땅 수중 온 우주 중생을 위해 타종을 한다고 말했다. 물고기는 평생 눈을 뜨고 있는 생물이라 목어는 수도승의 맑은 정신을 위해 예불이나 독송의 법구로 사용되었다.

물고기 모양인 목어가 둥근 모양의 목탁으로 변화되어 스님이 가질 수 있는 법구로 되었다. 목탁 재질은 대부분 살구나무나 벚나무로 만든다. 나무를 깎아 다듬고 찌는 과정을 거쳐야 목탁이 뒤틀리거나 터지지 않는다고 한다. 그것이 온갖 인내와 고난의 과정을 겪고 옻칠까지 해 말리면 드디어 완성되어 맑은소리를 낼 수 있는 목탁이 된다.

목탁은 불교 수행자가 수행하는 과정에서 생길 수 있는 번뇌와 잡념을 쫓는데 사용하는 의식 도구이기도 하다. 물고기 모양의 목어가 세월이 흘러 지금의 둥근 목탁이 되었지만, 그 깊은 뜻은 같은 것이다. 생활 속에서 상대가 감정이 잔뜩 실린 뜨거운 언어를 내뱉을 때는 나도 모르게 불쑥 솟아나는 불경한 언어를 무심결에 내뱉게 되는 일이 있다. 그 순간 어지러운 마음을 맑게 하는 내림 목탁 소리를 생각하고 감정 실은 상대를 향해 고개를 숙여야겠다.

책과 노니는 길
― 사이에 대하여

 책과 노닐고 있다. 물 위의 백조처럼 그 속에서 즐거움을 만끽한다. 지난날 일을 할 때도 틈틈이 책을 읽으며 그 속에서 행복 비타민을 찾곤 했다. 책을 대출하려고 도서관을 찾아가는 길은 윤화평들이다. 내가 직접 발굴에 참여한 달천철장 터였던 쇠부리공원을 지나다닌다.
 조선 시대부터 토철을 캐던 철광산이 있던 곳에 지금은 공

원으로 조성되어 주민들의 쉼터가 되었다. 철장을 발굴한 흔적을 알려주는 전시장도 있다. 이곳에 철을 캐던 광산이 있었다는 역사적 사실을 알 수 있는 자료들이 전시되어 있다. 공원은 넓은 광장과 군데군데 벤치가 있다.

아파트 내 누리도서관을 두고도 산책하며 온 도서관이다. 무슨 책을 읽어 볼까 하다가 『사이에 대하여』를 발견하고는 귀한 보석이라도 본 듯 반가웠다. 한국 문단의 명수필가로 손꼽히는 분으로 최민자의 수필집이다. 몇 해 전에 오영수 문학관에서 작가님을 직접 뵌 적도 있다. 겸손한 태도와 나직한 목소리로 강의하는 모습이 아직도 여운으로 남아 있다. 폰에 깔린 리브로피아 앱을 통해 책을 빌려서 집으로 왔다.

책을 펼쳐보니 손바닥 수필이라는 짧은 형식의 글이 70여 편 실렸다. 문장이 짧지만, 생소한 단어가 많아 사전을 찾아가며 정확히 이해를 하려고 했다. 수필이 그렇듯 생활에서 보고 느낀 것을 다시 사유의 과정을 거쳐 풀어놓았다. 이러다가 '인공스럽다. 라는 말과 자연스럽다'가 이음동의어가 돼 버리지 않을까 걱정했다. '인공스럽다'라는 글에서 평소 내 생각을 대신해 주어서 공감하며 읽어 나갔다. 이야기 내용은 성형으로 이제는 자연스러움이 인공스러움을 못 이기는 세태를 말한 것이었다.

"예술도 사랑도 결핍으로부터 출발하는 것. 자로 잰 듯 똑 떨어지는 무결점 인간에게서 영혼의 깊이가 묻어나지 않는다. 흠 하나 없이 완벽한 것이 완상玩賞의 대상이 될지언정 매혹의 대상이 되긴 어렵다. 청산유수로 쏟아내는 말보다 어눌한 고백이 더 깊이 스미듯 자연에는 사실 완벽함이 없다. 내 토종 얼굴이 인간적이지 않을까?"라고 했다.

작품 「심금」에서는 지휘자의 모습을 섬세하게 표현해 그 풍경이 이미지로 다가왔다. 하이든의 '런던 교향곡 4악장'을 지휘하는 모습을 이렇게 표현했다. "찌르고 휘젓고 당겨 올리며 스스로 춤에 도취한 남자, 뒷모습으로 춤추는 남자. 문자 그대로 '백 댄스'다." 그렇다. 누구나 지휘자의 뒷모습을 정면처럼 본다. 뒷모습만으로 사람을 감동하게 만들기가 어디 쉬운 일인가. 절도와 웅장함, 격정과 유려함으로 소리의 켜를 정교하게 교합하며 시간의 축대 위에 무형의 집을 짓는 사람이라고도 표현을 했다.

내게도 심금을 울리는 교향곡이 좋아 예술회관을 찾아 듣던 때가 있었다. 이 글 덕에 그동안 잊고 있던 하이든의 교향곡 104번 런던 4악장을 지휘하는 모습을 떠올린다. 찌르며 휘젓고, 당겨 올리며 스스로 도취한 남자? 그랬던가, 지휘자는 누구였을까 이름도 가물가물하다.

    교향곡 연주 시 몸집이 크면서도 가장 낮은음을 내는 악기가 콘트라베이스이다. 화음 구조의 최하층에서 독주보다는 반주로 화성과 리듬의 균형을 잡아주는 바닥재 역할을 하다보니, 혼자 튀어볼 기회조차 없이 존재감이 미미하다고도 했다. 나도 늘 튀지 못하고 남들 하는 행사에 도우미로 가는 경우가 많다. 서툴고 똑 부러지게 하는 일이 없으니 존재감이 없이 사는 편이다. 그래도 낮은 바닥층의 소리로 사람의 심금을 울리는 콘트라베이스의 음을 사랑한다. 높은 소리로 존재감을 드러내는 것 보다 모든 음에 균형을 잡아주는 콘드라베이스 소리를 느껴보고자 하이든 교향곡 104번 4악장을 찾아 들어본다.

    울산시립교향악단의 정기연주회에서 교향곡을 듣던 때가 있었다. 60여 명의 연주자가 각자 분야의 연주를 할 수 있도록 이끄는 지휘자의 모습을 보며 마냥 신기하게만 여겼다.

그때 나는 맨 앞줄 중앙에서 바이올린을 연주하던 머리가 희끗희끗한 악단장에 눈길이 가곤 했다. 눈을 감고 하이든의 경쾌한 교향곡을 들어본다.

『사이에 대하여』는 여러 가지 성찰한 삶의 철학이 녹아든 글로써 책장을 덮은 뒤에도 여운이 남아 명수필이 바로 이런 글이라는 생각을 지울 수 없다.

얼마 전 쇠부리축제가 열렸을 때는 가마를 복원한 곳에서 쇠부리 작업을 거쳐 농기구 만들어 내는 과정을 본 적이 있다. 가마 옆에는 조선 시대 철과 유황을 찾은 구충당 이의립의 인물상이 있다. 매주 금요일 저녁이면 이 공원에서 요가 교실도 열린다. 달천철장을 지나 오림이 들판을 보고 거닐며 사계절을 느낄 수 있다. 보랏빛 자운영이 피고 노란 금계국이 공원 둔덕을 감싸고 피었다. 색색의 백일홍이 피어 있는 달천철장 공원길이 도서관을 오가는 길이다. 아니 책과 노니는 길이다.

나만의 완상玩賞

 고삐를 잡고 낙타 옆을 걷는 남자가 있다. 뜨거운 태양 아래 모래바람을 맞으며 등짐을 얹고 사막을 걷는 낙타를 본다. 대형영상은 나를 사막으로 내몰았다.
 경주국립박물관 '한국 고대 유리와 신라'란 부제가 달린 특별전이다. 전시관 초입에 들어서니 다른 전시와 달리 대형영상이 눈에 띈다. 마치 영화관에 들어온 느낌이다.

뜨거운 태양 아래 낙타가 사막 위를 걷고 있다. 그 장면을 보고 있으니 낙타에 남편의 모습이 덧씌워진다. 잡았던 고삐를 놓친 순간 현실 속 나는 잡고 있던 남편의 손을 더욱 부여잡는다.

유리는 인류 최고의 발명품이라 한다. 유리에 관한 특별전으로 역사자료도 함께 정리되어 있다. 지중해 지역에서 4,500년 전, 지중해 지역에서 발견된 유리는 기원전 1세기 동지중해지역에서 대롱 불기라는 혁신적 기법의 발명으로 이어진다. 그 후 로마제국을 비롯한 세계로 전파되었고, 초기철기 시대 한반도로 들어온 유리 제품은 원삼국시대는 아주 귀한 보물이었다고 한다.

낙타는 목이 타들어 가도 어슬렁어슬렁 목표지점을 향해 눈썹을 깜빡이며 쉼 없이 걷고 또 걷고 있다. 낙타가 사막을 넘어 신라로 이동하는 모습이다. 낙타의 등에 걸린 걸망 건초더미 속에는 심해의 물빛을 띤 유리잔이 실려 있다.

천마총에서 출토된 2점의 유리잔 중 파란색 잔 하나는 전혀 깨지지 않은 채 발굴이 되었다. 고대의 유리는 권력자만이 가졌다. 신라 왕의 무덤인 천마총에서 출토된 2점의 유리잔이 그걸 증명해 준다. 이런 유물들은 비단길을 지나고 중앙아시아의 모래사막을 거쳐 신라에 왔다. 낙타 등 걸망 속 건초더미에 있던 그 유리잔의 아름다운 광채는 인간의 욕망을 자극했다.

잔의 입술이라는 구연이 도톰해서 어쩐지 손으로 만져보고 싶다. 감히 만져보지도 못하는 유물이지만 둥글 넓적하니 보는 이에게 정겨움을 준다. 유리잔 하나가 세계사를 품에 담고 있다. 유리잔을 잡는 위치에는, 미끄러움을 방지하듯 줄무늬와 거북등무늬가 있어 눈길이 오래 머문다.

사막을 걷고 있는 그 낙타를 보는 순간 가슴이 뜨끔했다. 온 가족의 생계를 위해 등짐을 지고 나르는 낙타의 고단함이 남편의 모습과 겹쳐 보인다. 그는 지난해 직장에서 정년을 다하고 퇴직을 했다. 신혼 때 한 번의 이직으로 어렵게 구했던 일터라 충실하게 삼십여 년 동안 일을 했다. 낮과 밤을 돌아가며 일을 하고 품질개선을 위해 수백 통의 안건을 올렸던 사람이다. 남편과 함께 교감하며 전시회를 완상한다는 것은 내가 바라던 모습이다.

특별전은 전국에 산재하는 박물관의 유물을 잠시 빌려와

제목에 맞춰 전시한다. 전시장 초입의 영상 속 유리잔이 진열된 곳에서 발걸음을 멈춘다. 저 잔에 왕은 어떤 음료나 술을 부어 마셨을까? 사뿐히 발걸음을 옮겨 다니다 드라마 속 여왕이 착용했던 유리 재질의 색 고운 목걸이, 귀걸이가 보인다. 주로 무덤 속에서 출토된 치레 걸이는 천 년 전 장인의 솜씨이다. 역사적 기록을 다 이해하긴 어렵다. 특별전에 오면 행복하다. 잠깐이라도 일상은 잊고 어느새 상상의 나래를 펴고 전시물을 완상한다.

흐릿한 조명 아래 황금이 유독 빛나 보이고 초록의 앙증맞은 병이 있는 곳으로 다가간다. 탑 속에서 발견된 왕궁리 오층석탑 사리병은 국보이다. 연금술사의 예술혼 덕에 유리세공 기술은 황금 세공 기법과 잘 합일되어 빛났다. 나와 남편처럼 금과 유리도 차갑고 따뜻하고 정반대 성격의 재료들이다. 우리 부부도 각자 빠름과 느림, 차갑고 뜨거워 대조적 성격이다. 지금까지 깨지지 않고 무탈하게 살아온 걸 보면 황금과 유리병의 조화처럼 가까이서 서로를 받쳐주고 어떤 조화로움을 찾아낸 덕이 아닐까 싶다.

잠시 남편의 손을 놓고 사방이 유리로 된 방에 들어왔다.

혼자 들어온 방은 천장 가득 샹들리에가 서로를 비추고 반짝인다. 이 빛은 마음을 들뜨게 한다. 사방에 비친 내 모습은 왕비가 된 느낌이다. 그리스 신화 속 인물처럼 잠시 사방의 거울 속에 비친 내 모습을 보며 나르시시즘에 빠진다. 밖에서 기다리던 그의 손을 잡아당긴다.

황홀할 만큼 아름다운 유리 가공품이 우리 곁에 오기까지 때론 거푸집 속에서 고열을 지켜낸다. 유리 원료 혼합물을 뜨겁게 달궈 흘러내리는 액체 상태에서 식히면 투명유리가 된다. 또 여러 색의 규소가 혼합되어 맑고 오색 영롱한 빛 유리가 된다.

하나의 명작을 낳기 위해 장인들은 원재료들을 두드리고 담금질을 무한 반복한다. 때로는 뜨겁게 달궈 액체 상태의 재료를 거푸집에 붓기도 한다.

남편도 그들처럼 온갖 일을 인고한 끝에 정년을 맞았다. 지금까지 오색영롱 유리를 만들며 왔다는 생각이 든다. 그 고운 빛깔을 간직하려고 '살방살방' 서로를 바라보며 같이 할 시간을 찾고 있다. 여유롭게 박물관을 드나들며 유물들을 완상하며 혜윰 하려고 한다.

천년의 세월 저 너머 낙타가 사막을 걷고 있는 소리가 들린다.

도화 핀 봄밤의 처용무

　바닷가 포구, 세죽마을 나루터이다. 운무가 은은하게 번지는 그곳에 서서 처용암을 바라본다. 가뭄이 심한 탓일까 나뭇잎이 누렇다. 신라 시대 헌강왕이 태평성대에 세죽마을을 다녀가면서 근동을 개운포라고 불리게 되었다. 왕이 왔던 그날처럼 해무 낀 처용암은 산수화처럼 신비롭게 보인다.
　휘파람새 휙휙거리는 소리에 바닷가 포구 쪽으로 눈길을

돌린다. 해변 가장자리에 앉았던 새가 흔들리는 빈 배 위에 올라앉는다. 사공은 어디 갔는지 빈 목선 한 척만 심심하게 떠 있다. 마치 배 위에 타라는 듯 휘~잉 소리를 내며 머리를 주억거린다.

세죽마을은 행정명으로 황성동이라 불린다. 처용암이 보이는 옛 포구의 자연석 큰 비석에 '세죽마을'이 표지석에 새겨져 있다. 몇 걸음 동쪽으로 걷다 보니 소년 처용 조각상 둘이 나란히 서 있다. 오색을 사용한 듯 환하다. 머리에는 차양이 없는 관모에 부귀를 상징하는 목단꽃과 복숭아 씨앗 일곱 개가 장식된 처용탈을 쓰고 나를 보고 웃는다. 소년 처용이 쓴 관모 위의 복숭아 씨앗을 보니 갑자기 밭으로 간 그가 생각이 난다.

은퇴 후, 그는 무기력하게 집에서만 지냈다. 두문불출했기에 그 흔한 코로나19 역병에도 걸리지 않았다. 하지만 마치 역병에라도 걸린 사람처럼 늘 무표정했다. 오늘 아침 비가 온다는 소식을 듣고 소풍 가듯 점심 도시락을 싸서 3년 전에 심은 복숭아나무밭으로 갔다. 지금쯤 밭에서 연이은 가뭄으로 시들해진 복숭아나무를 살펴보고 있을 것이다.

차츰 처용암 근처도 진회색 구름이 무겁게 내려앉는다. 순간 나는 하늘신을 모시는 천관녀千官女가 되어 '하느님 이곳에 비를 많이 내려 주세요.'라며 주술적 기원을 한다. 온통 가뭄과 역병에 시달린 이 세상의 먼지를 씻어 주면 좋겠다는 생각으로 처용암을 바라본다. 때마침 굵은 빗방울이 떨어지기 시작했다. 가뭄에 나뭇잎이 말라 나무도 샘물 같은 비를 달게 받아 마시고 있다.

　빗방울이 제법 굵고 힘차게 내리는 중에 그에게서 문자가 온다. '여기 비 온다.' 짧은 한 문장 속에 비가 오지 않아서 남편이 그동안 얼마나 속을 태우고 있었는지 짐작된다. 지금 내리는 비는 모든 농사에 도움이 되는 단비라 마치 내가 기우제 춤이라도 춘 기분이다.

　나뭇잎이 말라 가던 복숭아나무가 생명수 같은 비를 빨아들일 걸 생각하니 내 몸의 세포가 덩달아 살아나는 것 같다. 내리는 단비를 보고 소년 처용같이 활짝 웃으며 기뻐할 그를 생각하니 시들어가던 감성도 살아나며 몸에 물기가 촉촉하다.

　음력 춘삼월 달밤, 복숭아꽃이 필 때였다. 조랑조랑 달린 복숭아 꽃잎을 따서 농막에 앉아 찻잔에 꽃잎을 띄워 마셨다. 앞산에 만개한 복숭아꽃 덕분에 달밤은 더 황홀했다. 그 달밤을 상상하며 그에게 처용탈을 씌워준다. 도화 핀 봄밤에 은은한 달빛에 감겨 더덩실 몸과 팔을 흔들어가며 마음껏 춤추는 남자, 신라 향가를 배우며 수없이 읊조리던 처용가를 떠올리며 섬을 바라본다.

처용암을 보고 있으니, 처용이 나타나 빗속에 춤을 출 것만 같다. 조선 시대 기록 악학궤범에 처용무는 궁중에서 음력 섣달그믐에 악귀를 몰아내기 위한 행위로, 대표적인 전통 의식인 나례였다고 한다. 삶이 답답하고 힘들 때 벽사진경의 뜻이 담긴 처용무를 추며 기분 전환하면 어떨까. 마음의 역병이 물러가고 막막했던 삶도 슬렁슬렁 풀려갈 것이다.

이번 단비를 먹고 시들한 복숭아나무에 생기가 돌아 조은 열매에 살이 통통하게 오를 것이다. 그 생각만으로도 마음에 드리웠던 먹구름이 사라지는 것 같다.

모든 면에서 서툰 아내에게 너그러운 그가 어쩐지 처용을 닮은 듯하다. 은퇴 후 역병이 나도니 나 역시 마스크로 입을 가린다고 해준 게 별로 없다. 한평생 가족을 위해 일하느라

고생한 그가 아닌가. 무사 은퇴를 위한 축하 자리라도 마련해 주었어야 했는데 그러질 못했다.

역병이 물러나면 그와 둘이 여행이라도 가야겠다. 무사 은퇴를 축하해 주며 환한 달밤을 보내고 싶다. 내리는 단비를 머금고 자그맣게 달린 복숭아 열매를 보며, 반가워할 그의 모습이 두 눈에 선하게 들어와 실없는 웃음이 난다.

안과 밖의 사이

 초겨울 산문에 들어 길을 걷는다. 길 아래는 산골짜기에서 내려오는 맑은 물은 고요히 흐른다. 길게 늘어선 소나무 길을 지나 주차장에 도착하니 운문사는 돌담에 색 고운 단풍잎을 얹어 놓고 있다. 땅에 내리기가 아쉬웠는지 담 위에서 몇 날을 보내고 뭇사람들의 애정 어린 시선을 받았을 단풍잎에 눈길이 간다. 약한 바람이라도 불면 언제 땅으로 떨어지거나 공중을 날아 저 먼 곳까지 갈지도 모르는데 다소곳이 고개를 숙이고 앉아있다.

사리암 가는 길은 생태 탐방로가 이어진다. 골짜기를 타고 내려와 속절없이 흐르는 물은 수정처럼 맑아 계곡 바닥의 돌이 다 보인다.

입구에 도착했다. 사리암에서의 점심 공양이 맛있기로 소문이 나 있다. 마침 우리는 사리암에 짐을 실어나르는 곤돌라 시설 옆 햇살 든 곳에 자리 깔고 앉았다. 가방에 든 과일을 꺼내 먹으며 쉬는 중이다. 멈춰 있던 곤돌라에 상인이 가져온 무와 배추 시래기 묶음을 싣고 가는 게 보였다. 곤돌라는 이내 사리암으로 향했다. 저 많은 계단을 올라갔으면 '맛난 무 시래깃국을 먹을 수 있는데'라는 생각하다가 수다로 시간을 보내고 사리암을 다녀온 분들과 함께 운문사 본전으로 내려오게 되었다.

대웅전은 산세만큼이나 웅장하고 처진 소나무의 넉넉한 자태에 내 마음도 안온하고 너그러워졌다. 운문사 경내를 둘러보고 솔밭길을 걸어 내려와서 사하촌에서 칼국수로 점심을 먹었다. 건너편 카페에서 커피를 마시고 나오니 들어갈 때 못 본 배추 농장이 보인다. 푸릇푸릇 배추 수백 포기가 밭이랑에 꽃처럼 줄지어 있어 사랑스럽다.

김장철이라 그런지 농장 주인은 통통하니 잘 자란 배추를 댕강댕강 잘라서 트럭에 싣고 있다. 밭두둑에는 금방 잘라낸 배추의 밑동에 붙은 푸른 겉잎이 쌀쌀한 겨울바람에 하늘거리고 있다. 마치 납작한 배추꽃으로 보인다. 몸체에 황금빛 속심을 담고 있는 배추는 뽑혀가고 푸른 배추 겉잎만 주인의 눈길에서 벗어나 있다. 주인에게 다가가서 배추를 사겠다고 하니 별로 달갑지 않은 눈치다.

배추가 '금치'라며 온 나라 들썩이던 때가 있었다. 나 역시 얼마 전까지 슈퍼에서 한 포기에 8천 원 가격표를 보고는 배추에 손이 가지 않았다. 국민 반찬이라 할 수 있는 배추김치는 매끼 밥상에 올라야 개운한 식사를 한 것 같다. 요즘은 K 푸드로 한국의 김치가 널리 알려졌다. 발효된 김치에 좋은 젖산균이 많다고 알려져 세계인이 찾는 한국 전통음식에 들어간다. 배추가격이 좀 내리면 김장을 할까? 하고 생각 중이었다. 사하촌의 청정지역에서 깨끗한 물을 먹고 자랐을 것 같아서 싱싱한 배추를 사고 싶었는데 아쉽다.

내 유년 시절에 물 조루 들고 배추밭 고랑을 오가며 물을 뿌려주었던 기억이 난다. 초가을에 씨앗을 뿌리고 싹이 나면 모종을 옮겨 심기도 하고 물을 잘 조절해 주어야 했다. 배추엔 흰 나방 벌레와 여러 가지 벌레들이 잘 생겨났다. 연두색 작은 벌레들이 잎을 갉아 먹어 구멍이 송송 나기도 하니 부모님이 약을 뿌리기도 했다.

배추의 성장을 보면 제일 먼저 난 잎이 결국 제일 겉잎이 되면서 곧 밖이 된다. 어른들이 말하기를 달빛에 속잎을 채워나가는 찬 성질의 채소라고 했다. 시원한 곳에서 배추가 어느 정도 자라면 지푸라기로 배추를 감싸 잎이 퍼지지 않게 중심 몸통을 묶어 준 기억이 있다. 어느 시인의 시에서, 지푸라기를 황금띠로 비유한 시심에 놀랐다. 어쩌면 배추의 속잎이 형제자매로 서로 껴안고 잘 성장하는 과정이 보이는 듯하다. 배추의 겉과 속은 역할이 같으면서도 전혀 다르다.

얼마 전 집에서의 일이다. 오후 늦게 배추 시래기를 큰 사골 찜통에 넣고 가스 불에 올려놓고 이내 다른 일에 몰입했다. 얼마나 지났을까 고개를 돌려보니 거실 창문 유리창에 김이 서려 있었다. 문을 열어두고 요리를 하는데 그날따라 창문을 닫고 얻어온 배추의 겉잎 우거지를 삶는 중이었다. 창문에 서린 김이 문만 열어두면 금방 사라질 것이니 빨리 창문을 닦고 싶었다.

어떤 일에든지 계획을 세워야 하는데 이렇게 혼자 일할 때는 늘 즉흥적이라 남편의 잔소리를 자주 듣는 편이다. 거실 안쪽 뿌옇게 서린 창을 닦았다. 배추 우거지를 삶는 솥에서 나온 수증기로 인해 창문을 닦기는 그만이었다. 촉촉한 창문에 얼룩이 지워진 것 같은데 말끔하지 않아서 자세히 보니 문의 창밖의 면에 먼지가 붙어 있었다. 창문 밖을 닦기 위해 창문과 창문이 있는 사이 공간에 서서 창문을 닦았다.

돌아서서 거실 창문 밖을 닦는데 순간 창문이 찰깍 닫혔다. 그 순간 이거 큰일 났다는 생각이 들었다. 밖에서 열리지 않는 창문의 기능이 잘못하면 큰일 난다는 이야기를 들은 적이 있기에 조심한다고 했지만, 문은 닫히고 말았다. 안과 밖 사이 중간에서 발을 디디고 있으니 불안했다. 방안에 잠을 자는 남편은 창문을 두드리며 문을 열어 달라고 외쳐도 기척이 없다. 그 순간 아파트 입주 때 베란다 트기로 공간 구조를 바꾼 것이 후회스러웠다. 이런 게 바로 안전사고라는 생각이 들었다.

　거실 창밖의 사이 공간에 갇힌 꼴이다. 13층 높은 위치이다. 아무리 열려고 해도 창문은 열리지 않는다. 도로변에 행인이라도 있으면 고함쳐서 도와 달라고 말하고 싶었다. 그렇게 여러 번 소리 지르고 창문을 두드렸는데도 안방에는 기척이 없고 거실에 우거지 삶는 솥에서 마치 조선 시대 봉화대에서 낮에 흰 연기로 적 침투를 알리는 위험신호 같았다. 이웃집에 들릴 정도로 OOO 아빠라고 소리 지르고 창문을 두드려도 대답이 없었다. 그러기를 10분이 지났을까 "와 그러노" 하면서 남편이 방에서 거실로 나온다. "와? 평소 안 하던 창문 청소한다고 야단이고"라며 얄밉게 웃으며 창문을 열어 주었다. 우리 집의 안과 밖의 사이 공간에서 생긴 일이었다. 이중 창문이라 제일 바깥창은 더위와 추위를 조절하는 사이 공간, 안과 밖은 하나이면서도 이렇게 다르다.

　운문사가 자리한 호거산 아래서 절의 향기를 담고 사는 사람들이라 그런지 카페 주인도 부드러운 인상이다. 좀 전에 먹었던 칼국수집 주인도 넉넉한 어머니 품을 가진 분 같다. 손칼국수에 깍두기와 맵지 않은 아삭한 풋고추가 내 입에 딱 맞다. 사찰 계곡을 걸어서 사리암 입구까지 다녀온 후라 그런지 칼국수 맛이 깔끔하니 좋아서 국물까지 다 마셔 빈 그릇이다.

    사하촌은 절 덕에 생을 꾸려 나간다. 사시사철 절을 찾는 관광객이나 신도들이 지나는 길목이다. 사찰과 속세 사이, 즉 안과 밖 사이에 사하촌이 있어서 좋다.

    산문의 안과 밖은 극락과 속세라 할 수 있다. 밖의 일상은 바쁘고 산문 안은 고요 속 정물 같은 평안을 주니 언제라드 사는 일로 머리가 복잡해질 때는 산사를 찾게 된다.

보랏빛 다리 그리고 섬

　신안 안좌도 앞바다에 세 개의 섬을 잇는 나무다리가 있다. 바다 위에 선 나직한 나무다리에 보라색을 입혔다. 파도가 보랏빛으로 일렁이고 섬들도 온통 보랏빛에 물들어 있는 듯하다.
　안좌면 박지도에서 평생 살아온 김매금 할머니의 간절한 소망은 생전에 박지섬에서 목포까지 두 발로 걸어서 가는 것이었다고 한다. 어느 날 박지도에 나랏일 하는 사람들이 방문했다. 섬 할머니의 간절한 소망을 새겨듣고, 사업으로 이어져 목교가 조성되었다고 한다.

 끊어짐의 외로움은 섬에 살아 본 사람만이 느낄 수 있다. 물론 배를 타고 섬에서 나오고 들어갈 수 있지만, 그것은 날씨와 조건에 따라 유동적이어서 늘 생활에 불편이 따른다. 할머니의 소망이 어쩌면 내 유년의 소망과 닮은 것 같다. 내 유년 시절에 섬을 떠나 빨리 육지의 도시로 나가 살고 싶었다. 한 번씩 찾아온 도회지 아이들이 남기고 가는 도시 이야기와 섬이 주는 불편함 때문이었다.

 박지도와 반월도를 가기 위해서는 신안 안좌도의 매표소를 지나야 한다. 매표 전에 기념품 파는 곳에 들렀다. 온통 보라색 물건들이 즐비하다. 모자, 양산, 가방, 의상 등 보라색 사물을 갖고 있으면 누구나 무료입장이다. 집에서 보라색을 몸에 지니고 오지 않은 사람은 다시 기념품 파는 가게로 돌아가는 모습이 보인다.

 섬에 들어가려는 관광객이 무엇이든 보라색 띤 것을 입거나 갖고 있지 않으면 요금을 내고 매표해야 한다. 입장료를 내는 것보다 물건을 사는 게 이익이다. 다행히 나는 보라색 가방을 들고 있어서 무료입장이다.

 모처럼 나선 1박 2일의 여행길, 비바람이 몰아치던 어제와 달리 오늘의 바다는 고요하다. 잔잔한 바람이 불어 걷기 알맞은 날씨다. 세 개의 섬을 잇는 다리 곳곳에 장식이 화려하다. 나무다리가 바다에 닿을 듯 말듯 살랑이고 있다. 박지도와 반월도를 잇는 반지름 거리의 퍼플교 중앙을 걷는다. 전체 둘레의 반지름 길, 그 중앙에 지름길 다리가 퍼플교이다. 다리 곳곳에 장식이 화려하다. 퍼플교에는 육각 광장, 사각 광장 등을 만들어 걷다가 휴식을 할 수도 있다.

 반월도는 섬 형상이 반달처럼 생겼다고 '반드리'라고도 불렸다. 『세종실록지리지』에 의하면 1450년 말 40여 필과 그것을 관리하기 위하여 사람들이 입도했다는 기록이 전한다. 반월도의 당숲은 생명의 숲이다. 팽나무 3그루가 산림청 선정 보호수로 지정되어 있다.

 박지도는 바가지 형태를 닮아서 바기섬, 배기섬이라 불리다가 박지섬이라 불리게 되었다고 한다. 이당나무가 잘 자라고 갯벌에는 가시파래라 불리는 감태 자생지라고 한다.

안좌도에는 고조선과 삼한시대부터 사람이 살기 시작했다. 청동기시대 지석묘 군락, 백제 시대 석실 고분, 선돌 등의 문화유적이 보존되어 있다.

퍼플섬은 관광명소로 알려져 하루에도 수백 명의 관광객이 몰려온다. 주민들이 사는 지붕 색은 물론 주변이 온통 보랏빛이라 나도 이곳에서 보라색 여정을 이어간다. 퍼플교 중앙을 반쯤 걷고 반월도 미니카를 탄다. 퍼플교만 걷기에는 너무 싱거운 여행길 같아서, 마을에서 운영하는 미니카를 타본다. 바다를 바라보며 반월도 섬 한 바퀴를 돌아보기 위해서다.

마을 이장님이 운전하는 미니카를 타고 섬을 돌아본다. 바다만 바라보니 밋밋해 잠시 산자락 비탈진 밭으로 눈길을 돌린다. 밭에는 보라색 도라지 몽우리가 바람에 한들거리고 언덕에 선 오동나무 보라색 등꽃이 마음을 편안하게 한다. 마을 주민이 만든 길섶의 화단에는 아스타국화가 몽우리를 맺어 곧 꽃을 피울 태세다.

한 일주일 후에 보라섬에 왔으면 저 꽃들이 피어 더 진한 보라색을 볼 수 있었을 것 같아 아쉽다. 해풍을 맞아가며 자라는 꽃들은 모두 섬의 주인공으로 보인다. 심지어 가두리 양식장도 둥글게 보라색으로 둘러쳐져 있다. 이장님의 구수한 사투리 해설이 곁들어지니 섬 한 바퀴를 더 돌고 싶은 생각이 들 정도이다.

반월도 가는 해안 길에 어린 왕자가 바다를 바라보는 반달 조형물도 보라색이다. 파랑 물결 일렁이는 바다와 보랏빛 섬이 있는 이곳에 하루를 유숙하며 반달이 뜬 밤 풍경도 보고 싶어진다. 노란 반달이 하늘에 뜨면 반사작용으로 어린 왕자가 가진 달도 보라색으로 보일지도 모른다.

섬 한 바퀴를 돌아 나왔지만 내 마음은 밭두렁에서 심어진 도라지에 머문다. 반월도 할머니가 심었다던 도라지는 보랏빛 꽃망울이 맺혀 있다. 자수정 보석처럼 고운 각이 빛난다. 그렇게 섬사람들은 보랏빛에 기대어 뿌리를 깊이 내리고 있다.

노계 흔적을 찾아서

무더위가 극성을 부리는 날이다. 경주시 산내면 깊은 산골, 노계 박인로의 유허지가 있다는 노주골을 찾는다. 청소년수련원 아치형 문을 들어서니 현판에 쓴 글이 무색하게 어른들이 이용하는 파크골프 매표소가 있다.

노주골은 노계가 은둔하던 곳이라 한다. 물가에 자라는 갈대인 노蘆를 넣은 지명 노주골은 그의 흔적이 묻어 있어 정겹다. 노계가 자연과 벗하며 살았던 곳이라 그런지 깊은 산골이다. 수련원 입구를 이리저리 돌아보다가, 숲으로 이어지는 작은 오솔길에서 비석을 만난다. 노계를 만난 것처럼 나도 모르게 "와! 찾았다." 숨겨둔 보물이라도 찾은 듯 소리를 질렀다. 내 허리 높이 정사각형 형태다. 비석에 새겨진 글을 보니 내가 찾는 것이다.

  비석은 노계의 유적지를 나타내는 유일한 표석이다. 네모진 회색 화강암에 '노계박인로유적지蘆溪朴仁老遺蹟地'라고 쓴 글씨가 뚜렷하게 보인다. 뒷면에는 영천의 향토사연구회에서 건립했다고 새겨져 있다. 비석 근처 어디쯤 노계의 흔적이 있을 것 같아 여기저기 살펴본다. 그의 고향인 영천이나 근무지였던 울산에 머물지 않고 어떤 인연으로 여기까지 와서 살았을까 하는 의문을 가졌다.

  조선 시대 울산에 경상좌병영이 주둔했던 시기가 있다. 정유재란 막바지에 노계가 무인으로 근무하며 태평사라는 가사를 썼다고 한다. 노계의 울산 근무 소식을 접하고 왜 고향과 떨어진 노주골에서 살았을까? 많은 문학 작품을 남긴 그의 일대기가 궁금해지기 시작했다.

지금까지 노계가 문인이라, 1621년 한강 정구와 박인로가 웅촌의 초정약수에 들러 지은 시조 단가 2수가 있고, 반중조홍감이 라는 시조가 있다는 정도만 알고 있던 터였다. 그런데 무인으로 그가 정유재란 때 울산에서 '태평사' 작품을 남겼다는 신문 기사를 접하고 놀랐다. 그런데 태평사를 지었던 울산의 병영이 아니라 현재 부산수영공원에 그 문학비가 있다는 게 아쉬웠다. 그래서 박인로의 흔적을 찾기 시작했다.

박인로는 고산 윤선도 송강 정철과 함께 조선 3대 시인에 들어간다. 노계는 경상북도 영천 출신으로, 가사 문학의 대가였다. 문인이자 무인이다. 호는 갈대가 있는 계곡이라는 노계蘆溪, 또는 무하옹無何翁이다. 많은 가사 문학 작품을 남겨 국문학사에 이름을 남겼다.

그의 작품을 모은 노계집에 가사 문학 9편과 시조 67수 등이 있다. 그를 기념하기 위한 영천 노계문학관 뜰에는 시비가 있고, '반중조홍감'이라고 새긴 비가 있다. 포항시 북구 죽장면 입암서원 앞에 노계의 '입암'이라는 시비도 세워져 있다.

노계의 작품 반중조홍감은 내 추억의 한 자락에 들어있다.

내가 30대 때 지금의 울산미술관이 들어선 그 자리에 울산 중부도서관이 있었다. 그때는 독서회와 한문 서예를 같이 할 수 있는 프로그램이 있었다. 한자를 모르니 매주 붓을 들고 한자를 그리는 수준이었다. 뜻도 모르고 붓을 들고 있으니 답답했다.

어느 날 선생님께 제언했다. 수업 때 한시를 한 편씩 가르쳐달라고 하니 선생님은 수업 시간에 매번 단시조 한 편씩을 골라 수업을 해주었다. 그때 처음 배운 시조가 반중조홍감이다. 이 시조를 접하고 홍시만 보면 자식으로서 효를 다하지 못한 부모님 생각에 가슴이 먹먹하던 때였다.

태평사는 노계의 초기 작품임에도 불구하고 시가 문학사에 3대 시가로 꼽힌다. 나라를 근심하여 넘치는 충효 사상과 평화를 추구하고자 하는 마음을 태평사에 담아 노래했다. 그가 울산에서 최초로 썼다는 태평사 가사는 내가 읽어 내기에 어려운 한문 어투와 고사성어가 많은 것이 흠이다. 그 문체가 무인다운 기상이 넘쳐흐르는 작품으로 문학사에 3대 시가 문장가로 꼽힐만한 능력을 보여준다.

그 가사를 쓴 다음 해인 1599년에 노계는 고향으로 돌아가 진정한 무인으로 자격을 갖추기 위해 노력해 무과 시험에 합격했다. 훗날 종4품으로 거제도 조라포에 발령을 받아 수군만호를 역임했다. 그런 공직생활 속에서도 문학적 기질을 발휘하며 한강 정구와 동행하고 산천을 다니며 당대 문인들과 교류를 한 것으로 전해진다.

노계가 울주군 웅촌면 초천마을 앞 초정약수에 다녀간 기록이 있다. 초정약수는 회야강 바닥에서 철분이 많이 든 약수로 지금도 솟아나고 있다. 초천의 초椒는 산초나무를 뜻하는데 샘물 맛이 산초처럼 떨떠름하다고 해서 붙여진 이름이다. 노계 박인로는 한강 정구와 함께 이곳을 둘러보고 시조 2수를 남겼다.

그 시조는 '신유추辛酉秋 여정한강욕우울산초정與鄭寒岡浴于蔚山椒井 신농씨神農氏 모른 약藥을 이 초정椒井에 숨겼던가/ 추양秋陽이 쬐오는 데 물속에 잠겼으니/ 증점曾點의 욕기浴沂상을 오늘 다시 본 듯하다.'라는 시조와 울산의 웅촌 초정에 와서 지은 한시 '홍진紅塵에 뜻이 없어 사문斯文에 일을 삼아 계왕개래繼往開來 하여 오도吾道를 밝히시니/ 천재후千載後 회암선생晦菴先生을 다시 본 듯하여라'이다.

노주골 노계의 비 앞에 섰다. 그는 인생 후반 이곳에서 독서와 수행으로 초연했던 문인 가객으로 청빈한 삶을 살았다. 노년에 선생이 살았던 곳이라 해서 작은 흔적이라도 더 찾고 싶어 계곡 물소리 들리는 더 깊은 곳으로 발걸음을 옮긴다.

3부

캔들라이트 콘서트 나잇

모난 돌
호접란胡蝶蘭을 품다
시간여행과 이탄층
캔들라이트 콘서트 나잇
조선통신사와 조양각
푸른 방생
마음의 글
노을 속에 침묵한 자암서원

모난 돌
— 세상에 돌 하나

 성벽을 쌓는 데는 거칠고 모난 돌이 제격이다. 모난 돌은 석수장이의 정 몇 번으로 결집해 입체감을 이루고 성벽이 된다. 하지만 틈새는 있기 마련, 큰 돌 속에 잔돌을 넣어 틈새 공간을 메운다. 병영성 성벽 발굴 현장에 흩어진 돌을 보니 그 위로 방안지와 줄자가 겹쳐진다.
 연초록이 만연한 날, 북문지를 지나 병영성 안으로 들어갔

다. 조선 시대 낙동강을 기준으로 경상좌도 병마절도사가 근무했던 곳이다. 복원된 성벽 위를 걷는다. 조선 시대 화강암으로 쌓은 석성이다. 성벽 밖은 성곽을 둘러싼 그다지 깊지 않은 도랑 못인 해자垓子가 있었지만, 일부 흔적만이 희미하게 보였다. 성 둑은 높아 전망이 훤하다. 성벽을 타고 오르는 침입자의 동태를 관찰하기 위한 치雉도 복원되어 있다. ㄷ자로 쌓아 성벽이 외부로 튀어나와 있다.

성루에서 돌의 모양과 각도를 살핀다. 예전 울산문화재연구원 연구생으로 근무할 때 돌이 포개진 상태를 잘 관찰하여 윗돌과 아랫돌을 구분했다. 돌의 윤곽선을 보고 선의 둟기를 판단해서 손에 힘의 강약을 조절하며 그려야 돌의 입체감이 살아났다. 돌 위로 줄자를 대어가며 허리를 굽혔다 폈기를 반복하며 돌의 크기와 모양을 그렸다. 허리가 끊어 질듯한 통증을 견디며 하나하나를 자세히 살피며 돌 하나가 그렇게 중요한 것일까? 하는 의구심이 일기도 했다.

현장에서 사계절을 보낼 때도 있었다. 무덤의 돌을 그리려면 두꺼운 골판지 위에 하얀 방안지를 얹고 바람에 날아가지 않도록 집게로 고정했다. 당시 초보 일꾼이었던 나는 발굴 현장에 널브러진 수백 개의 돌을 만나면 한숨부터 나왔다. 유물 같지 않은 돌덩이를 힘들게 그려야 한다는 생각에, 고요하던 연못에 돌을 던진 것처럼 마음에 불안의 파문이 일었다.

한때 백화점 문화센터에서 유화를 배운 적이 있다. 풍경 좋은 계곡으로 야외스케치를 나가서 캔버스에 돌담을 그리곤 했다. 대부분 돌은 둥글게 그렸다. 돌담 속에는 각진 돌도 있었지만, 둥근 돌이 아름다워 보였기 때문이다. 담 사이에 잔돌이 하나씩 있으면 훨씬 자연스러웠다. 최근 과학자들은 우리의 석축 구조물 속에 내진의 비밀이 숨겨져 있다는 것을 알아내었다. 큰 돌과 작은 돌이 섞여 균형을 이룬 구조물 속에 지진이나 외부의 충격을 견딜 수 있는 비밀이 숨겨져 있다고 한다.

병영성은 성의 경계선을 찾아 복원해 가는 미완의 상태다. 무너져 흩어진 돌 사이로 잔돌 무더기도 보인다. 무너지기 전에는 보이지 않았던 것들이다. 크고 거친 돌 사이에 틈이 있으면 잔돌로 메웠던 모양이다. 있는 듯 없는 듯한 잔돌의 힘은 크다. 균형과 하중을 지탱하는 중요한 역할을 하는 것은 큰 돌과 다르지 않다. 성벽을 이루는데 보이지 않게 큰 공헌을 한 것이다. 어쩌면 세상에는 보이지 않는 곳에 잔돌 같은 역할을 할 사람도 꼭 필요하다는 생각이 들었다.

병영은 조선 시대 군사기밀을 다루던 중요한 군사시설이었다. 토포사 이하의 관직을 가진 이는 말에서 내려 성안으로 들어와야 한다는 뜻을 새긴 하마비가 있다. 병영성 안에 병영초등학교가 있다. 학교 정문 곁에 있는 비석에는 한자로 '토포사이하개하마討捕使以下皆'라고 음각된 비석이 지금도 서 있다. 군사시설 중 하나인 진해루가 있으니 곧 국가 기관이 아닌가. 예를 갖추고 드나들라는 뜻이리라.

매년 선거철만 되면 '하마평'이라는 말이 자주 오르내린다. 국가 요직을 맡을 사람을 고를 때 흔히 듣게 되는 말이다. 하마비 앞에서 주인이 안으로 들어가 일을 보는 동안 말은 여물을 먹고 쉰다. 말의 고삐를 잡았던 마부도 대문간 언저리에서 주인을 기다리며 머문다. 대궐 등 여러 마부가 모여 있을 때 그곳에서 나온 말잡이들은 그동안 세상사를 갑론을박할 때 나온 말이 하마평이다.

돌이켜 보니 전공자들 틈에서 일한 내가 대견하다는 생각이 든다. 배우고 익히는 수련의 과정이 힘들었지만, 좋아하는 일이라서 잘 견뎌낸 것 같기도 하다. 경영자의 열린 사고와 의지에 더하여 새로움에 대한 나의 갈망이 전문가의 손이 못 미치는 틈을 잘 찾아 메워왔는지도 모르겠다.

한때는 각지고 모난 돌을 싫어했지만 이젠 세상의 모든 돌을 사랑하게 되었다. 큰 돌이든 작은 돌이든, 모난 돌이든 둥근 돌이든 세상의 모든 돌은 감추어진 저마다의 존재 의미가 있고 중요한 쓰임이 있다는 것을 병영성에서 깨닫는다.

길 옆 돌탑에 잔돌을 주워 틈새에 끼워 넣는다. 모진 비바람에도 무너지지 않고 잘 견뎌 내리라는 믿음을 갖고서.

호접란胡蝶蘭을 품다

 호접란은 이름처럼 나비를 닮은 난이다. 행복이 날아온다는 꽃말처럼 좋은 일에 축하하는 마음을 전할 때 진홍빛 호접란을 보낸다. 우리 집 베란다에는 일 년 전에 심은 호접란의 뿌리가 밖으로 뻗어 나와 기와분을 감돌아 있다. 식물이 살아내고자 하는 의지의 표현 같아 애처롭다.
 몇 해 전, 서원에서 담장 옆에 널브러진 수키와 몇 점을 발

견했다. 빛이 들지 않는 구석진 곳에 낙엽으로 덮여 있었다. 쌓인 낙엽을 걷어내자, 푸른 이끼가 군데군데 끼어 있었다. 무궁화 문양이 새겨져 있는 것으로 보아 근대에 만들어진 듯했다. 수키와 한 개를 신문지에 싸서 집으로 가져왔다. 오랫동안 대바구니에 담겨 자라던 호접란을 뽑아, 기와에 담았더니 달팽이가 제집을 찾은 듯 자연스럽게 보였다.

 호접란을 품어서일까. 먹빛 수키와는 한층 돋보였다. 내면의 것을 비우고 그 속에 호접란을 담아 새롭게 탄생했다. 기와로서의 생을 살 때는 하늘 쪽으로 등을 내밀어 내리 쬐는 햇빛을 막아냈다. 눈과 비를 맞아가며 습기가 안으로 스며들지 않게 하려고 애썼을 것이다. 하지만 이제는 기와로서의 수명을 다하고 화분으로 변신했다. 지붕에서 내려와 바닥에 등을 대고 누워 온몸으로 물기를 받아들인다.

 햇볕이 적당한 베란다에서 꽃문양의 기와는 화분으로 자리를 잡았다. 호접란이 더없이 자연스러워 보였다. 호접란은 어느새 굵고 싱싱한 뿌리가 튀어나와 뻗치고 있다. 공기 중의 영양분을 흡수하기 위해서다. 꽃대에서 가지가 어긋나기로 나왔다. 사선으로 올라온 꽃대가 자라자 지지대를 세워

주었다. 가지는 성냥개비 머리 크기의 몽우리에서 자라고, 꽃은 꽈리 모양 크기로 자라 허공을 향해 어느 순간 꽃잎을 펼쳤다. 꽃이 피면 두어 달은 거뜬히 볼 수 있다.

기와는 사람처럼 암키와와 수키와로 구분한다. 오래된 수키와의 내면에는 포 흔적이 있고 칼로 자른 단면이 있다. 원형의 틀을 이용해 기와를 제작하기 때문이다. 기와를 씻고 도면에 실측한 기억들 때문에 작은 조각이라도 있으면 자세히 살피는 버릇이 생겼다. 수키와는 두 암키와 사이를 덮어 잇는 기와다. 문양을 새긴 수막새는 지붕 끝을 막음 한다.

신라의 수막새는 연꽃잎의 수에 따라 시기를 구분한다. 지붕에 얹는 용도에 따라 길이와 두께도 달랐다. 문양에 따라 그 시절의 유행을 읽을 수 있는 명문 기와는 유물로서 대접을 받는다. 그 명문이 장소와 시간을 증명하기 때문이다.

퇴사 전까지 내 일터는 유물 보존과학실이었다. 유물을 잘 보존하기 위한 보존과학실은 사용하는 약품에 따라 냄새가 나서 오래 집중해 일하면 눈이 피곤했다. 언젠가 울산의 옛 절터를 발굴하고 많은 기와 편을 연구원으로 가져왔다. 그것들은 암수를 구분하지 못할 정도로 세월의 풍파에 닳은 조각들이었다. 울산지역의 폐사지 발굴 후 편을 모아 온 것이다. 기와 편을 쌓아 올려 탑이 세워졌다. 연구원 마당 끝 언덕에 어른 키 높이로 세워진 그 탑에 모두 무관심했다. 하지만 하나의 개체로서 생을 다하고 폐사지에 나뒹굴던 조각이지만, 탑으로 쌓았으니 분명 불성이 깃들었다고 생각해 그 앞에서 자주 두 손을 모았다.

그 탑은 기단 아래쪽이 둥글고 상륜부 쪽은 갈수록 오므라든 안정감을 주는 탑이었다. 일한다는 핑계로 절에 자주 못 가니 나는 시간이 날 때마다 탑돌이로 마음의 평안을 얻곤 했다. 마침 내가 일하던 자리가 문수산과 그 탑을 바라볼 수 있는 일직선상의 위치였다. 아이들의 입시 때는 사찰을 찾는 대신 일터의 창문 너머 탑을 향해 마음으로 문수보살을 외며 나만의 비손을 했다. 때론 무심하게 바라보며 눈의 피로를 풀기도 했다. 일터에서 나오기 전까지 나만의 불탑이었다.

가끔 이웃한 달천 마을을 산책한다. 마을 길을 걷다 보면 노부부가 사는 집을 지나게 된다. 낡은 지붕 위의 오래된 기와가 예사롭지 않아 보인다. 저 퇴색된 먹빛 기와가 한 가정의 지붕을 온몸으로 지켜 왔듯, 나의 남편도 비바람으로부터 오래 가정을 지켜 왔다는 생각이 들곤 했다.

　그랬던 남편이 요즘은 방안에서 무얼 하는지 시간만 죽이고 있다. 직장에 다닐 때는 취미 생활을 하며 바쁘게 지냈는데, 은퇴 후에는 취미도 접고 아무런 계획도 없이 지낸다. 마치 서원 뒤뜰에 밀려나 있던 이끼 낀 기와처럼. 하지만 호접란을 품은 기와처럼 변신하여 또 다른 모습으로 활동을 할 시간을 기다리고 있는지 모르겠다. 기와 화분을 바라보는 내 마음은 남다르다.

　꽃잎을 본다. "넌 정말 예쁘다."라며 호접란에게 말을 건다. 화답하듯 먹빛 수막새 속에서 하얀색 꽃을 연이어 피운다. 남편도 새롭게 꽃피울 날을 기다려본다.

시간여행과 이탄층

　문학기행을 떠나는 날이다. 흐릿한 날씨라 우산도 챙겨 들었다. 골목길에 나오니 담을 넘은 오월의 장미가 짙은 눈웃음을 보여준다. 여행을 가면 반드시 그 지역의 박물관을 먼저 가보라는 말이 있는데 마침 우리도 창녕의 고분과 박물관이 있는 곳에 도착했다.
　가야는 기원 전후로부터 562년까지 주로 낙동강 유역을 중심으로 번성했던 작은 나라들의 총칭이다. 전기 가야와 후기 가야로 나누어지는데, 313년 고구려의 한사군 축출에서 400년 고구려 광개토왕의 가야 공략까지를 전환기로 하여 그 앞의 시기를 전기 가야, 그 뒤의 시기를 후기 가야로 구분한다.

창녕은 변한 12 소국 중 하나로 시작하여, 후기 가야에 속하는 비사벌가야 또는 비화가야로 불렸고 다른 소국에 비해 일찍 신라에 복속되었다. 창녕이라는 지명은 고려 시대 정착된 것으로 본다.

햇빛에 물들면 역사가 되고 달빛에 물들면 신화가 된다는 말이 있다. 공식적으로 조명을 받으면 역사가 되고 그렇지 못하면 신화로 남는다는 뜻이다. 역사는 '승자의 기록이다.' 이곳 비사벌 옛 가야에 오니 삼국사기에 미미하게 나오는 가야사를 두고 하는 말 같기도 하다. 이처럼 가야사는 아직도 속 시원히 알려진 게 없는 것 같아 답답할 때가 많다.

교동의 송현동고분군은 창녕의 목마산 구릉지대에 있는 삼국시대 무덤군이다. 송현동고분군은 50여 기이고 교동고분군은 90여 기이다. 이 고분군은 2023년 유네스코 세계문화유산에 등재되어 그 가치를 널리 알리고 있다. 가야 고분의 특징은 산 능선 높은 곳에 있다는 점이다. 죽어서도 이 땅에 남은 자들을 위에서 내려다보기 위한 것이라 한다.

해설사와 동행하며 창녕 박물관 곁에 있는 계성고분 이전 복원관 쪽으로 이동했다. 은빛 유리 돔아래 한 계성고분을 이전 복원해 놓았다. 6~7세기 횡구식석실묘, 즉 앞트기식 돌방무덤이다. 돌방무덤 위에 교육자료가 되도록 발굴과정에서 보이는 토층 단면을 잘 복원해 놓았다. 그곳에는 죽음의 자리인 시상대가 있고 추가 장을 할 수 있는 무덤의 공간이 넓다. 토층 단면의 곡선을 보니 가로 세로를 줄자로 재어 방안지에 점을 찍고 선으로 연결하던 때가 생각났다. 처음 일을 시작한 때라 기본인 토층 그리기도 손이 떨려 우둘투둘 선이 곱지 않았다. 토층을 그리고 일주일 후 무덤 공간에서 인골이며 유물을 실측하던 때가 생각나 얼른 그 자리를 빠져나왔다.

박물관 뒤편 교동고분군 앞에는 남녀 한 쌍으로 보이는 석장성이 무덤 출입을 관장하듯 서 있다. 지배층 무덤인 고분군은 지석誌石이 없으니 주인공을 알 수 없다. 그래서 번호가 부여되었다. 푸른 옷을 입은 고분 속에는 오래된 죽음과 함께 고대의 사회상이 담겨있다. 이탄층처럼 간직된 고분이 세계의 문화유산으로 지정되어야 함이 당연하다는 생각이 든다. 앞으로 이 고분들이 관리 보존되어 더욱더 세계인의 주목을 받을 것이다.

창녕 박물관 입구에 들어선다. 창녕송현동 15호분에서 순장 인골로 발견된 송현이 우릴 맞아준다. 울산에도 다녀간 적이 있다. 홀로그램 가상 공간 속에서 다시 태어난 AI 송현이가 물음에 답도 해 준다. 송현이는 1,500년 전 16세의 나이로 순장된 소녀로 복원된 부활 소녀이다. 지배층 무덤 속의 순장 소녀, 각자 해석을 달리할 수도 있다는 생각이 든다. 하지만 비사벌의 역사와 문화를 말해 주는 그녀는 창녕의 홍보요원인 캐릭터로 변신해 있다. 첨단과학과 고고학을 연결하여 과거와 현재를 넘나드는 일은 시간여행의 색다른 재미를 준다.

전시관 내부로 들어서 창녕비봉리유적에서 발견된 목선과 마주한다. 버들잎 모양으로 통나무 안을 깎아 만든 8천 년 된 것이다. 이것 또한 복제품이다. 그 곁에는 목선을 젓던 노와, 특이한 멧돼지 문양 토기 편 등의 유물이 사진으로 전시되어 있다. 신석기 시대 유물이라는 걸 더 확실하게 증명해 준다.

이어 토기가 전시된 공간이다. 고배 굽다리접시는 신라식과 비슷하다. 하지만 가야식 고배는 대각의 곡선이 더 부드럽다. 울산에서도 신라식과 가야식 토기, 두 종류 다 출토된 적도 있다. 창녕도 신라와 가야 접점에 있어서 토기 모양으로 구분이 애매할 때가 많다. 신라에 복속된 것을 증명이라도 하듯 신라 진흥왕 척경비가 있다. 복제된 비석에 레이저 빔으로 글자가 나온다. 고고학과 과학의 접목이다. 박물관을 돌고 나니 창녕이 경주 못지않은 고고학적 역사를 간직한 곳임을 알게 된다.

우리는 버스를 타고 읍내를 두 바퀴 돌아 술정리 동탑과 마주했다. 8세기경 통일신라 때 탑이다. 서탑은 여기서 700m 떨어진 곳에 있다고 한다. 불심을 가진 회원 두 분은 두 손을 합장하고 우요삼잡右繞三匝하고 있다. 난 그들의 기원이 이루어지길 빌어본다.

화왕산 입구의 한 식당으로 이동했다. "상호가 '양반'이라,

나는 가도 되겠네."라며 우스갯소리를 하던 분이 제일 먼저 식당으로 들어간다. 버스 두 대의 인원이 다 들어가는 대형 식당이다. 한 테이블에 시인 둘, 수필가 둘이 앉아 인사를 나누고 대화가 오간다.

오후 한 시가 넘어 우포늪으로 향했다. 국제환경협약인 람사르습지도시로 인증받은 우포늪에 도착하여 전시관으로 갔다. 늪은 조류와 수생식물들이 많아 그들의 천국이다. 창녕 늪에서 타는 배를 늪배라 부른다. 박물관 곳곳의 전시물을 구경하다 보니 잠시 쉴 수 있는 늪배 모양의 의자가 눈에 띈다. 전시관에는 천연기념물 따오기를 박제한 깔끔한 모습이 눈에 확 들어온다. '따옥따옥 따오기 소리 처량도 하다'는 동요가 생각났다. 늪의 중요성을 홍보하는 전시공간을 둘러보는 것은 물안개 자욱한 우포늪으로 빠져든 시간이었다.

전시관을 나와 숲 탐방로 1길을 걸었다. 우포늪은 약 70만 평이라니 종일 걸어도 늪 전체를 다 보기는 어려울 정도다. 우포늪, 하면 생각나는 게 가시연꽃이다. 연꽃은 여름에 볼 수 있는 식물이다. 식물도 사계절에 따라 움직이고 살아간다는 걸 깜빡 잊고 있었다. 우포늪에 스폰지처럼 말랑말

랑한 지층인 이탄층은 부패와 분해가 되지 않은 식물의 유해가 진흙과 함께 못의 물밑에 쌓인 지층이다. 이것은 바로 생물이 인간과 공존한 흔적이 남아 있는 공간이고 타임캡슐이라는 생각이 든다.

늪의 길섶에 선 버드나무 잎의 살살거리는 소리가 푸른 종소리처럼 신선하다. 저 멀리 늪 위로 흰 고니 한 마리가 날아간다.

캔들라이트 콘서트 나잇

정자 바다에 달이 말간 얼굴로 떠오르고 있다. 파도소리 들려오는 밤이다. 공연을 보려고 바닷가 호텔에 들어섰다. 좁은 로비 벽에는 눈 익은 김 섭 작가의 그림이 걸렸다. 반가운 마음에 작품을 한참 들여다보았다. 엘리베이터를 타고 3층으로 올라갔다.

교실 두 칸 정도 크기의 공연장이다. 삼십 분 전 입장해서 그런지 아직 관객이 드문드문 앉아있다. 어두운 공간에 수백 개 촛불이 켜져 있고 중앙에 네모 모양의 제단처럼 쌓아올려진 무대가 있다. 예복을 입은 제사장이 나와 춤사위라도 벌일 것 같은 영적인 분위기다. 관객의 입장이 끝나고 모두 무대 주위를 빙 둘러 의자에 앉았다. 건너편에는 한 쌍의 남녀가 마주보고 있다. 와인 잔을 들고 눈을 맞추며 로맨틱한 분위기를 즐긴다. 잘 어울리는 커플 관객을 보니 괜히 부러워져서 양초의 흔들리는 불꽃만 유심히 본다.

해설자가 무대에 섰다. 캔들라이트 공연은 주로 도심 속 특별한 장소에서 열린다며 공연단 이름을 설명해 준다. 라틴어로 '리수스 콰르텟', 낯선 단어에 귀를 쫑긋 세운다. 리수스는 라틴어로 웃음을 뜻하고, 콰르텟은 네 명의 독주 악기로 합주하는 실내악이라고 한다. 두 대의 바이올린과 비올라, 첼로의 현악 사중주가 곧 시작될 것이라 한다.

불꽃 심지가 공기의 흐름에 따라 움직이지 않아 촛불을 손으로 만져본다. 실제 촛불이 아니라 실물처럼 만들어진 캔들라이트이다. 그렇지, 파라핀으로 만든 양초의 불이면 위험한 일도 일어날 수도 있으니까. 화재의 염려도 없고 LED

촛불을 사용하니 이색적으로 느껴졌다. 심지가 자동으로 흔들리며 몽환적 분위기를 만들어 낸다. 드디어 공연이 시작되려나 보다. 낯선 풍경에 실물 촛불을 대신한 이 불빛이 오히려 내 마음을 편안하게 한다.

4인조 실내악 앙상블 연주단이 검은색 의상을 입고 무대에 올랐다. 클래식 음악회 연주자들이 모두 검은색 옷을 입는 이유는 악기를 돋보이게 하며 전체적 통일감도 주고, 연주에 집중하도록 하기 위한 것이라 한다. 아름다운 선율이 빛과 어우러져 실내에 퍼진다. 비발디 '사계'는 해안의 밀물처럼 차르르 마음의 문을 열고 들어온다. 눈을 감으니 어느새 나는 평온한 심해에 다다른다.

연주는 봄이 지나고 여름을 듣고 있으니 언젠가 읽었던 이수지 작가의 성인 동화 『여름이 온다』가 머리를 스친다. '물방울이 하늘로 튀어 오르고 아이가 물로 장난을 친다'는 그림이 떠오른다. 그것은 여름 풍경화로 비빌디 사계 중 여름 연주를 듣고 그 느낌을 글자 없이 그림으로 표현해 인기 도서가 되었다.

비발디 '사계'는 내게 가장 친숙한 고전음악이다. 한가하게 집안 먼지를 털고 청소할 때 듣곤 했다. 특히 사계 중 봄을 제일 많이 들었다. 청소 시간이 길지 않아 돌아가던 CD가 봄을 지나면 멈추기 일쑤였다. 지금까지 고전음악은 내게 힘든 청소나 설거지를 즐겁게 하기 위한 보조 도구에 불과했는지도 모르겠다. 클래식 CD 모음집이 있지만 바쁜 일상에 여유롭게 감상하기 위한 기회는 드물었다.

 공연장 중앙에 네모진 두 단 높이의 무대 둘레는 캔들라이트가 줄을 지어 층을 이루고 연주자가 무대에 오를 수 있는 통로가 꾸며져 있다. 앙상블 화음은 독주로 절대 낼 수 없는 환상의 공연이다. 문학을 음악에 비유한다면, 문학은 언어의 화음이라 할 수 있을 것 같다. 캔들라이트 속에 고전 실내악 선율로 채워진 운치 있는 밤이었다.

 캔들라이트, 누구나 촛불은 켜는 이유가 다양하다. 촛불은 생에 중요한 순간 의식이 있을 때 밝혀진다. 촛불은 깨달음과 영광, 희생과 헌신의 상징이다. 그날 함께한 우리는 하나의 캔들라이트가 되어 서로를 은은하게 비추고 있었다.

 노자는 도덕경에서 배움이란 매일 채우는 것이고, 도道란 매일 비우는 것이라 했다. 어찌 보면, 자신을 태워 주위를 밝히는 촛불에 덕이 있고 도가 있는 것이 아닐까 여겨진다. 공연장을 나오니 달빛이 은은하게 바다를 비추고 있었다.

조선통신사와 조양각

 눈앞에 유유히 강물이 흐르고 높은 벼랑에 팔작지붕의 정자에 서세루 편액이 보인다. 내가 찾고 싶었던 조양각이다. 진경산수화 속으로 들어온 기분이다.
 조양각은 조선 시대 명원루라 부르기도 했다. 지금의 한류 열풍처럼 1607년부터 진행된 조선과 일본의 문화교류로 조선통신사들이 일본을 드나들 때 쉬어갔던 곳이다. 영천의

중심 젖줄인 금호강 둔치에 주차하고 나무계단을 오르니 숨이 차다. 사람의 발길이 뜸해 그런지 계단 난간에 거미줄이 진을 치고 있다.

영천은 신라 때 골벌국이었다. 팔공산과 운주산, 보현산이 병풍처럼 둘러싼 금호강의 원류인 남천 풍경을 바라보고 서 있다. 수면 위에 윤슬은 수많은 별이 내려앉은 듯 반짝인다. 이곳은 당시 사통팔달 교통 중심지로 사행단이 옛길을 통해 말을 타고 와서 쉬어 가는 고을이었다. 조양각은 고려 공민왕 때 〈서세루〉 현판을 달았고, 조선시대 와서 후대를 밝게 한다는 뜻의 〈명원루〉라 불렀기에 정자 하나에 두 개의 현판을 달았다.

울산의 역사자료를 찾다가 성재 장희춘 선생의 일대기를 알게 되었다. 임진왜란 때 보이지 않은 외교적 역할을 한 분이다. 선생은 울산분으로 조선통신사로 참여한 일기를 한 시와 함께 남겨 놓았다. 나는 그 귀한 자료를 본 후 학성공원에 올라 시 속의 광경을 떠올려보곤 했다. 또한 해동기에 나오는 사행단의 전별연이 펼쳐졌다는 영천의 조양각에 와보고 싶어 했다.

선생이 사행에 참여한 날부터 그날그날 쓴 일기를 읽어 내려가면서 내가 매장문화재 발굴 현장에서 일하며 매일 쓴 일지인 야장野帳이 생각났다. 내가 유구를 실측한 번호와 날씨 상태, 작업한 기록과 그날의 심경을 기록한 일기였다. 은퇴 후 연구원에서 가져온 야장이 수십 권이나 된다. 지금도 내 방 책꽂이에 두고 있다. 돌아보면, 비전공자로 매장문화재 기관에서 보조원인 연구생으로, 고고학 일을 배우고 익히는 과정에서 어려움을 겪었던 일들이 생각났다. 선생은 군인도 문인도 아니면서 통신사 행렬에 참여하여 그 행렬에서 느끼는 갈등을 일기로 적었던 것 같았다.

성재 선생은 왜에 조선통신사로 다녀와 일기를 남겼으니 얼마나 다행인가, 만약 일기를 쓰지 않았으면 경주, 영천, 울산, 부산을 지나는 그 당시의 상황을 아무도 모를 일이다. 1607년 정월 15일 기묘. 한양에서 임금께 인사하는 의식을 하고 출발하여 70일간의 사행 기록이다. 그 일기가 바로 해동기이다. 하지만 조선통신사 기록이면 당연히 들어가야 하는 『해행총재』라는 책에 들어가지 못했다. 정식으로 직책을 부여받고 떠난 게 아니라 요즘 말로 비정규직 같은 일을 수

행했던 것 같았다. 그러니 집안에서 내려오는 자료에만 보관되었고, 조선통신사 사행단 기록에 이름이 없으니 안타까울 뿐이다.

『해동기』를 평가하는 연구자들이 발표한 것들을 읽으면서 이것이 곧 내 이야기구나 하는 생각이 들었다. 연구자들이 발굴 보고서를 내면 반드시 책임조사원 조사원이 순서로 기록해 둔다. 그렇지만 나 같은 보조 업무를 한 사람은 어떤 경우에는 이름이 빠질 때가 있다. 그렇게 책이 발간되면 '내 이름이 빠졌어요.'라고 말도 하지 못하고 속으로 서운함을 달래야 했다.

조선통신사의 정사는 조선 국왕의 국서를 타국에 전딜하고 그 나라의 국서를 전달받기도 하는 중대한 책임을 맡은 분이었다. 정사와 함께하는 통신사 일행은 군관, 역관, 화원, 의원, 마부, 짐꾼 등 대략 300~500명이 움직였다. 총책임자인 정사는 통신사 일행을 이끌고 한양에서 출발, 영천을 거쳐 부산이나 일본 쓰시마나 에도까지 일 년에 걸친 여정으로 각국의 국서를 전달하고 받았다. 그 모습은 국가 의례 기록물인 반차도에 그려져 있다.

조선통신사 일행들이 말을 타고 한양에서 출발해 조양각에 도착하면 영천의 관찰사가 그들을 반갑게 맞이했다. 조양각이 있는 둔치에서 말을 타고 재주를 부리는 사행단의 마부들은 마상재 놀이로 위로잔치인 전별연을 펼쳤던 곳이다. 지금은 정자 마루에 연둣빛 꽃가루가 내려앉아 고요하기만 하다.

이곳에서 확인하고 싶은 게 있어 공원 안을 둘러본다. 강변 쪽에는 황성 옛터 노래비가 돌에 새겨져 묵직하니 서 있다. 공원 한쪽에 옛 관아의 수령인 경상도 관찰사와 영천 군수들의 선정비와 송덕비가 있는 비림이 있다. 그 길섶에 '조선통신사의 길'이 새겨진 비석이 내 허리만큼의 길이로 서 있다. 울산의 시청이나 동헌 앞에 있는 조선통신사의 길 비석과 동일한 크기의 검정색 비석이다. 서울 숭례문에서 영천까지 376km, 영천에서 부산포 138km가 새겨진 것을 확인하니 보물을 찾은 듯했다.

성재 선생의 시문을 알릴 수 있는 여러 통로가 없다는 것이 안타까웠다. 나는 『향토사보 33집』에 성재 장희춘 선생의 일기 '역주해동기'를 시문과 함께 소개했다.

울산 동헌의 가학루 앞에 조선통신사의 길 표지석이 세워져 있다. 울산의 조선통신사는 이예 선생과 성재 선생 두 분이 계신다. 조선 후기까지 12차례 일본에 파견된 외교사절단으로 서울에서 출발하여 이곳 울산 동헌을 거쳐 일본으로 건너가 다양한 문화교류를 했다. 서울 숭례문에서 울산까지 460km, 울산에서 부산포 54km를 지나야 했던 여정이다. 성재 선생의 해동기가 조선통신사 사행 기록을 인정하는 『해행총재』에 올라갔으면 하는 바람이다.

눈에서 사라지고 잊었던 일본과의 문화교류, 지금이라도 조선통신사의 길을 찾아 비석을 세운 것은 다행이다. 그 길에 역사적 이야기와 성재 선생의 한시 향기가 있으니 역사 속에 문학이 꽃핀 셈이다.

먼 길 온 보람이 있다. 봄이라 연두색 꽃가루가 날려 청마루가 온통 뿌옇다. 청마루 난간에서 남으로 보니 강물에 비친 윤슬이 반짝인다.

푸른 방생

 '나무 방생'은 묘목장에 갇혀 있던 어린나무를 무한의 공간인 자연으로 돌려보내는 일이다. 생명체인 하나의 묘목에게 생존의 자유를 부여해주는 행위예술처럼 여겨지기도 한다.
 올봄, 나무 방생 행사에 참여했다. 산불로 인해 민둥산이 된 곳에 어린나무를 심었다. 인류의 근원인 이 지구에 조금이나마 미안한 마음을 덜고자 한 행사이다. '나무 방생'으로

모두가 생명 공존 약속을 지키고자 애썼던 하루였다.

회야댐 상류, 울주군 청량면 중리마을 산으로 향했다. 회야강이 봄볕에 반짝였다. 차를 타고 깊숙한 골짜기로 오르니 전날 내린 봄비로 산길은 질척거렸다. 이곳은 삼 년 전, 큰 산불로 인해 방대한 임야가 불타서 민둥산이 되었다. 산기슭에는 화마를 피해간 진달래가 끈질긴 생명력을 보여주듯 연분홍 꽃을 피워 우릴 반겼다.

황폐해진 이곳에 대한불교조계종 정토사의 덕진 스님이 벚나무 묘목 1천 그루 '나무 방생' 행사를 주관했다. 스님은 새 생명인 어린나무를 심어 숲을 이루겠다는 의지를 가진 분이다. 숲은 인간뿐만이 아니라 뭇 생명이 기댈 수 있는 보금자리이다. 지구환경을 우선으로 생각하는 여러 봉사단체가 뜻을 같이해 참여했다. 나는 울산불교문인협회 회원으로 힘을 보탰다.

산으로 올라가니 경사가 심하고 지표에 잔돌이 많았다. 산에는 대부분 소나무나 참나무 등을 심지만 이곳은 특이하게도 벚나무를 심었다. 여러 차례 나무 심기를 했는지 주위 산에는 벚나무가 이미 방생돼 머지않아 꽃을 피울 것처럼 보였다. 우리가 맡은 곳은 산의 남쪽 비탈이었다. 호미와 삽을 동원해서 2인 일조로 산벚나무 묘목 한 묶음을 가져다 구덩이를 파고 한 묘목씩 심었다. 먼 훗날 중리마을 뒷산에 벚꽃이 활짝 핀 풍경을 그려보며 구슬땀을 흘렸다.

아파트 뜰에 선 벚나무는 나에게 남다른 의미가 있다. 화단의 그 나무는 나랑 벗으로 지낸 지 4년이 되었다. 그해 겨울, 직장을 나와 자유의 몸이 되어 할 일을 찾다가 아파트 이웃들과 운동을 하게 되었다. 그 공간이 1층이라 지표면과 벚나무 기둥의 드러나는 부분이 같았다. 매트를 깔고 누워서 하는 운동이라 매일 창밖에 선 그 벚나무를 아래부터 위로 바라보게 되었다.

추운 겨울이지만 매일 아침 직박구리가 날아와 까만 벚나무 열매를 콕콕 쪼아 먹는 풍경은 정겨웠다. 비둘기보다 조금 작은 크기로 잿빛을 띠고 있었다. 참새처럼 앙증맞지는 않지만 날아가며 '찌-찌' 내는 소리가 참 귀여웠다. 봄에는 옆에 키 작은 동백나무에 앉아 동백꽃을 부리로 쪼아대기도 했다. 그들의 공존이 좋아 보였다. 벚나무들을 매일 보게 되니 친구처럼 여겨졌다. 나무는 새들이 자유롭게 먹이를 구하는 장소가 되고 그들이 노는 놀이터가 되어주었다. 실내에서 시선을 창밖으로 향하여 나무 위 새의 움직임을 보니 지겨운 반복 동작을 한 시간씩 해냈다.

　하루는 창문 밖에서 무엇인가 '쿵쿵' 부딪히는 소리가 들렸다. 순간 놀라 별생각이 다 떠올랐다. 지진이 났을까 한낮에 혼자 조용히 있는데 다시 '쿵~쿵' 반복되어 살금살금 소리가 나는 쪽으로 다가가 살폈다. 창밖에서 이름 모르는 새가 퍼드덕 날더니 유리창에 머리를 쿵 부딪치고는 다시 날아올라 그 나무에 잠시 앉아 부리로 나무 기둥을 콕콕 찍어댔다.

　몸집이 참새보다 조금 크고 흰색 물결무늬가 있는 생전 처음 보는 새였다. 새의 움직임을 지켜보다가 휴대폰에 그 장면을 담았다. 벚나무에 새가 퍼드덕 날았다 앉기를 반복하며 쉴 새 없이 움직였다. 나무줄기에 가로가 아닌 세로로 앉아서 기어오르는 모습이 특이하고 신기했다. 새의 이름이 궁금해 사회관계망에 사진을 올렸다. 한 친구가 쇠딱따구리라 나무나 가지를 쪼아댄다고 알려주었다. 아직 어린 새인지 벚나무에 구멍은 보이지 않았다.

　같이 운동하던 이웃이 멀지 않은 곳에 둥지가 있는지 매일

푸른 방생　123

이곳 벚나무에 쇠딱따구리가 찾아온다고 했다. 그녀는 쇠딱따구리의 동정을 더 자세히 알고 있었다. 나무는 새들의 보금자리다. 나무를 심는다는 것은 온갖 새들을 사랑하고 생명을 위한 선한 일이다.

정월 대보름 바닷가에 물고기를 자유롭게 놓아주는 방생은 불교 행사로만 여겼다. 방생이라는 단어를 한정적으로 생각했던 것 같다. 방생의 더 넓은 의미와 생명 사랑을 생각해 본다. 시간이 지나면 내가 벚나무를 방생한 산에도 쇠딱따구리를 비롯한 여러 새들이 찾아들 것이다. 그때 즈음 그들이 벌이는 행위예술을 보러 가야겠다.

마음의 글

　몇 해 전 가을이었다. 한글 예술제 행사에 참여했다. 한글날에 어린이를 동반한 가족이 외솔 기념관에서 타요버스를 타고 중구 원도심을 돌아보는 것이었다. 아이들이 즐겨보는 텔레비전의 만화 속에 나오는 '타요버스' 장난감이 인기리에 판매되고 있었다. 늘 타요버스 장난감을 들고 다니는 손자를 위해서였다.

버스를 타야 하는 시간보다 일찍 외솔 기념관에 도착했다. 아이들을 위해 마련된 행사라서 그런지 젊은 부부들이 많았다. 한글날을 맞아 많은 사람이 북적였다. 손자는 기념관이 처음이라 외솔 선생의 인물상만 보고도 즐거워했다.

기념관을 나와 외솔 생가로 갔다. 손자에게 그림책에 나오는 초가집을 보여주고 싶어서였다. 비록 새로 복원해서 세운 집이지만 아파트에 사는 아이에게는 낯선 풍경이었다. 손자의 손을 잡고 생가 골목길을 걸으며 외솔 선생의 이야기를 동화처럼 들려주었다.

생가를 둘러본 뒤 주차장에 마련된 행사장에 도착했다. 이미 많은 가족이 한글 놀이 체험을 하고 있었다. 손자랑 나도 대형 한글 자석을 붙이는 놀이에도 참여했다. 아이들은 자석 글자를 벽에 붙이고 떼는 것을 즐거워했다. 버스를 타려면 줄을 서서 차례를 기다려야 하기에 버스가 출발할 기념관 쪽으로 내려왔다.

가을 한낮의 햇볕은 따가웠다. 다섯 살 손자는 기념관 마당에 있는 조형물들을 보더니, 서툰 발음이지만 기역, 니은, 디귿, 시옷 등을 읽었다. 그 모습이 신기하고 귀여웠다. 자음을 공부하는 사이에 우릴 태워줄 타요버스가 도착했다. 버스를 본 손주는 빨리 타자며 소리 질렀다. 그러더니 먼저 버스에 올랐다. 해설사가 여러 가지 주의사항들을 일러주지만 아이는 그저 신이나 조잘거렸다. 잠깐 사이에 버스는 중구 동헌 앞에 도착했다.

　울산의 문화관광해설사가 동헌과 중구 원도심의 한글날 축제장을 안내해 주었다. 구울산초등학교 앞, 문화의 거리에는 여러 가지 체험공간이 마련되어 있고 볼거리도 다양했다. 손주는 곳곳에 중구를 알리는 홍보대사 '울산큰애기' 모습에도 관심을 보였다. 도심에 축제를 구경하다가 돌아오는 길은 아이가 피곤할까 봐 택시를 타고 집으로 왔는데 택시 속에서도 행사장에서 본 것을 흉내내며 즐거워했다.

　손자가 이제는 한글을 배워야 하는 나이가 된 것 같다. 자음만 말해도 좋아하던 것을 생각하며 내가 손자의 글자 공부에 조바심을 낸다. 넌지시 딸에게 손자 한글 공부시키길 권했다. 하지만 천천히 한글을 가르쳐도 된다며 딸은 느긋하다. 딸이 집 가까이 사는 덕에 손자를 데리고 놀아야 하는 경우가 많다. 가끔 공원을 오가며 길가에 널린 한글 상호를

마음의 글　127

읽어 보게 한다.

  요즘은 손자 덕에 길거리 상호를 쳐다보면서 한글을 옳고 바르게 쓰고 있는지 알아보려고 나만의 방법을 찾았다. 길을 걷다가 슈퍼에 들러 과자를 사주겠다는 할머니의 꼬임에 빠져 한글 간판 읽기 재미에 빠져 있다. 아이가 글자를 배워가는 것은 세상을 하나씩 알아가는 것이다. 글자를 익히듯 세상을 바르게 익혀가기를 바라는 마음이다. 단지 글자를 익히는 것이 훈민정음을 창제한 세종대왕의 뜻이 아닐 것이다.

  우리말을 잘 배우고 익히는 것이 곧 훈민정음을 창제한 세종대왕의 큰 뜻일 것이다.

  백성을 어여삐 여겨 세종이 만든 훈민정음은 남녀노소 두루 사용하지 못했던 것은 사대주의적 한자를 중시하는 풍조 때문이었다. 물론 한문을 중시하는데도 그만한 뜻이 있었을 것이다.

  중국에 모든 것을 의존하고 있었던 그 당시로선 한자가 절대적 위치에 있었다. 그래서 한글은 천시되었고 규방문학이나 하층민의 글이 되고 말았다. 그런 역사를 배경으로 한글은 온 백성의 가슴에 파고들고 더 튼튼한 뿌리를 내리게 되

없는지도 모른다.

　일제 강점기 주시경 선생이 우리글을 '한글'이라고 이름 붙였다고 한다. 일제가 우리의 한글을 못 쓰게 하자 애국지사들은 한글지키기에 나섰다. 최초의 한글 신문인 〈독립신문〉이 창간되었다. 그 이후 〈한글학회〉인 〈조선어연구회〉가 만들어졌던 것이 단지 우리 글을 지키기 위한 것이 아니었다. 글을 지키는 것을 넘어 민족혼을 지키기 위한 것이었다.

　'글에 없는 것은 생각에도 없다.'라고 했다. 맞는 말이다. 글은 세상을 담고 있다. 글은 실체이며 정신이다. 글은 한 나라의 정신이고 온 국민 마음의 바탕이다. 주시경 선생이, 그리고 외솔 선생이 지키고자 했던 것은 바로 그것일 것이다.

　한자가 뜻의 글자라면 한글은 우리에게 마음의 글, 민족혼의 글이라는 생각을 해 본다. 어린 손자가 한 자 한 자 글을 익히는 것을 보면서 나는 요즘 다시 글을 생각하는 일이 많아졌다. 우리글에 담긴 정신과 그 과학성에 놀라기도 하고 미처 알지 못했던 말들을 새로 알아가면서 내 마음의 땅을 넓혀가고 있다.

노을 속에 침묵한 자암서원

 지난 해 여름 생태습지탐방에 나섰다. 탐방은 사전 예약제로 일 년에 한 달 동안만 진행되는 행사이다. 울산 울주군 웅촌면 통천 회야댐의 통제구역 안에 탐방 신청자가 모였다. 내가 이 행사에 참여 한 이유는 자암서원을 직접 와보고 싶었기 때문이다. 이곳은 회야댐에 수몰되기 전에는 대부분 연안 차씨 일족이 살던 마을이었는데, 지금은 상수원 보호구역으로 지정되어 평소에는 출입이 금지된 지역이다.

생태 해설사의 안내를 받으며 탐방로로 들어섰다. 댐과 길의 경계는 초록색 그물망이 길게 이어져 자연 상태로 잘 보존되어 있었다. 마치 숲속의 비밀 정원을 걷는 기분이 들었다. 풋풋한 풀꽃 향을 맡으며 달팽이 걸음을 걷다보니 어느새 강변길이 끝나고 자암서원 앞에 이르렀다. 이 서원은 내가 뿌리 찾기를 시작하고 알게 된 곳이다.

천성산 깊은 계곡에서 발원한 회야강이 옥토를 적시며 굽이굽이 흘러오다가 다시 한 번 산자락을 돌며 절경을 이루는 곳에 서원이 자리하고 있다. 서원 앞으로 흐르는 회야回夜강은 밤을 돌아간다는 의미를 담고 있다. 달이 뜨면 더 아름다웠다는 회야강의 옛 정취가 느껴지는 아름다운 산자락, 그 품에 안긴 듯 서원은 고즈넉하다. 서원 한편에 있는 팔각의 정자에 다가갔다. 일행들은 둘러 앉아 잠시 회야댐의 평온함에 잠깐의 휴식을 했다. 혼자 슬며시 정자 한쪽 모서리에 섰다가 서원으로 발걸음을 옮겼다.

높은 외삼문에 유도문由道門 현판이 보인다. 유도문 안쪽에는 자암서원紫岩書院과 인호당仁皓當이라는 현판이 두 개나 걸렸다. 인호당의 텅 빈 툇마루에 걸터앉아 본다. 서원의 낮은 담 너머에 통천리 마을이 수몰된 것을 생각하니 말 없는 강물이 무심해 보였다. 인호당 동쪽에는 묘허비각이 있다. 자암서원 묘허비의 비문은 조선 말기 문신 독립운동가 향산 이만도 선생이 지었다. 내삼문을 지나 의열사義烈祠의 사당은 높은 곳에 위치하고 있어 계단을 올라갔다. 머리 숙이고 인사하며 들어간 내삼문에 사당문은 굳게 닫혀 있었다. 사당에는 연안 차씨 득관시조 고려시대 문절공 차원부와 조선시대 강렬공 차운혁 두 분이 숙질간이지만 나란히 모셔져 있다. 내 선조님을 모신 곳이라 사당 문앞에서 묵념을 하고 '기회가 되면 다시 와야겠다.'라는 생각으로 서둘러 내려왔다.

　서원을 기웃대는 사이 일행은 벌써 저만치 산의 숲속 고갯길을 오르고 있었다. 서원을 둘러보고 뒤쳐져 산길을 가다보니 길섶에 무덤 앞 상석에 '연안차공지묘'가 있었다. 다른 사람은 관심 없이 스쳐 지나가겠지만 내 눈에는 이 일대가 차씨 집성촌이었음을 알리는 흔적으로 보였다. 그 흔적들이 침묵의 아우성으로 일어서서 손을 흔드는 것 같았다. 빠른 걸음으로 주변 대나무 숲을 지나 고개를 넘으니 시원한 연잎차가 준비되어 있어 목이 마른차에 반가웠다. 연잎차로 목을 축이고 습지에 핀 연꽃을 보기 위해 생태로를 걸었다.

회야댐에 포함된 곳이지만 강물이 댐으로 흘러들어가는 생태습지가 있는 곳이다. 강폭이 넓은 곳에 물을 정화시키기 위해 많은 연을 심어 이곳은 한여름이면 연꽃천지로 변한다고 한다. 강 건너편에 병풍처럼 둘러져 있는 산이 노방산 老房山이다. 산의 곡선이 할미처럼 부드럽다 해서 붙인 산 이름이라고 한다. 노방산은 서원의 북쪽 뒤편에 있어 강고 산의 조화가 절경을 이룬다. 산 위에 달이 떠 있는 강변의 밤 풍경을 상상하며 습지 연밭을 따라 난 길을 걸어갔다. 곡선을 이루는 강물은 자연의 순리를 따르며 땅을 굽어 돌아 댐으로 들어간다. 이 강 습지의 수많은 연 뿌리는 세속을 흘러온 오염된 물을 정화하고 그 앞에 선 우리들의 마음까지도 정화시키는 것 같았다.

걷다보니 연 줄기 하나가 꺾여 있다. 사람들의 발에 밟히지 않도록 안쪽으로 밀어 넣으며 그 속을 살짝 들여다보았다. 단면에는 가운데 중심 공간을 두고 8~9개의 공간이 있고 그것은 크기만 작을 뿐 연근의 모양과 꼭 닮았다. 무성한 연잎과 연꽃은 사람의 마음을 편하게 해 주는 것으로 알려져 있다.

인적 없는 서원에서 느낀 쓸쓸함을 달래 주려는 듯 습지의 연꽃은 화려하게 피어 하늘거렸다. 연꽃은 자연이 주는 도가적인 평화와 은은한 자태로 사람을 불러 모아 여름날의 풍성한 여유와 침잠의 시간을 함께 하고자 따가운 햇볕 속에 그렇게 서 있는지도 모르는 일이었다.

탐방로를 돌아 나오는 길에 혼자 다시 유도문 현판이 걸린 외삼문外三門을 올려다보았다. 도道를 실천하라는 뜻이 새겨진 문에는 침묵이 흐른다. 도를 멈추듯이 굳게 닫힌 빗장이 침묵하듯 쓸쓸해 보인다. 그 침묵의 흐름은 조상대대로 살아오던 터전을 내어 주고 떠난 그들의 마음을 헤아리며 묵언수행 중인 것 같았다.

출발지를 향하여 댐 주변 길을 걸어 나오는데 깎아지른 절벽에서 보랏빛 칡꽃이 사르르 떨어진다. 순간 칡술을 즐기시던 친정아버지 얼굴이 떠오른다. 이곳이 나에게 특별한 곳이다 보니 아버지 생각이 난다. 생전 사남일녀 중 막내인 나를 시집보내며 몹시 서운해하셨다. 자상한 아버지는 시집가는 딸이 못미더워 바늘쌈지함에 '연안차씨延安車氏 문절공파文節公派 40세손'이란 휘호를 쓴 한지를 넣어주셨다. 당신이 주신 그것은 내 삶에 부적처럼 지금도 간직하고 있다. 선조의 유적지 마을에서 떠오른 아버지의 얼굴이 기억의 저 편에서 미소 짓고 있는 듯했다.

혈족과 가족에 대한 여러 생각들이 잔잔한 물결처럼 머리를 스친다. 한 때 융성했던 마을이 수몰되어 삶의 터전을 떠나야 했던 이곳 옛 사람들의 모습도 그려진다. 사람들을 떠나보내고 물가에 홀로 서서 세월의 무상함을 되씹고 있는 서원의 모습에서 역사의 흥망이 느껴진다. 저 많은 물의 침묵, 산의 고요 속에 자리하고 있는 서원은 말이 없다. 그 낭랑하던 선비들의 글 읽는 소리도, 웃음소리도 모두 흘러가버리고 서원은 노을 속에 고요하다.

연근은 강의 습지에서 물을 정화해 준다. 또한 땅속 깊이 발을 내리고 있으니 바람에 흔들려도 쓰러지지 않는다. 속을 비워 십여 개의 구멍을 가져서 그런지 꽃대에 연밥을 품고 꽃을 피운다. 그 연밥 속의 씨앗은 천년이 지나도 싹을 틔우는 그 비밀을 혼자 안고 있다. 마치 자암서원이 흘러간 세월을 가슴에 안고 강을 따라 다시 흘러올 세월을 기다리며 서 있는 것처럼.

4부

네게로 가는 길

당의를 입다
60헤르츠
어산불영 魚山佛影
괴시마을에서
수리수리 과하수리
위문록 상자
남해 성지
네게로 가는 길

당의를 입다

 유교문화의 빗장이 열린 셈이다. 금녀의 구역이던 향교에서도 여성 장의가 있고, 서원에서도 향사에 여성이 초헌관을 하는 등 유교 문화에 많은 변화가 있다. 여성인 내가 서원의 선비체험에 초대를 받을 수 있었던 것도 이런 열린 생각 덕인 것 같다.
 몇 달 전 향토사연구회에서 선비체험 초대 신청을 하라고

했다. 백조身인 나에게 좋은 기회다. 선비체험을 간다는 것은 가벼운 답사와는 달리 옛 학문인 공부도 하고 유교적 법도를 경험해 볼 생각으로 안동 길에 올랐다.

선비체험을 할 곳은 병산서원이지만 가는 길에 도산서원과 화천서원을 둘러보았다. 두 곳 모두 병산서원과 인연이 있기 때문이다. 서애 류성룡 선생이 공부한 도산서원과, 형님을 모신 화천서원, 모두 산세가 뛰어나고 옛 정취가 묻어 있는 곳이어서 마치 시간을 거슬러 올라간 것 같았다.

하회 마을 근동을 둘러싼 화산을 둘러 병산서원으로 향했다. 비포장 길을 따라 20여 분 가니 오래전에 들른 적이 있는 서원이다. 반가운 마음이 들어 고개를 쭉 빼고 내다보았다. 조선 시대 건축양식의 백미로 불리는 서원은 예나 지금이나 변함없이 지조 당당한 선비의 모습처럼 꼿꼿이 서 있었다.

병산서원屛山書院은 화산을 뒤에 두고 병풍처럼 펼쳐진 병산이 앞에 있다. 유네스코 세계문화유산에 등재된 일곱 개 서원 중 하나로 우리 정신문화의 보물창고와 같다. 한국에서 가장 아름다운 서원, 한국 건축사의 백미, 건축가들의 영원한 텍스트, 자연과 하나 되는 이상적 공간 등 수식어가 찬

란하다.

　본래 병산서원의 전신은 고려 때 풍산현에 있던 풍악서당이었다. 1572년에 서애 선생이 지금의 병산으로 옮겼다. 선생이 타계하자 지방 유림의 공의로 1613년에 그를 향사하는 존덕사를 세웠고, 병산서원으로 개칭했다. 흥선대원군의 서원 철폐령이 내렸을 때도 훼손되지 않고 보호된 덕분에 자연과 절묘한 조화 속에 지고한 선비정신의 전당으로써 위엄을 지키고 있다.

　선조 때 영의정을 지낸 서애 유성룡은 『징비록』을 남겼다. 이 책은 임진왜란부터 정유재란까지의 전란의 참혹함을 기록한 것으로, 전쟁의 원인과 전황 등을 상세히 기록하여 후세를 가르치는 역사적 교훈을 담았다. 전란의 위급함 속에서도 이순신 같은 인재를 등용하여 나라를 구한 탁월한 공적을 남긴 분이다.

　서원 입구에 연분홍의 백일홍꽃이 막 피기 시작했다. 늘어선 꽃길을 지나니 복례문復禮門이란 현판이 눈에 들어왔다. 현판은 『논어』 안연편의 극기복례에서 따온 것이다. 자기의 사욕을 극복하고 예로 돌아갈 것을 뜻하는 말로, 공자가 제자인 안연에게 인仁을 실현하는 방법을 설명할 때 나온 말이다. 내 속에서 일어나는 온갖 욕망을 이기고 예로 돌아간다는 것은 쉽지 않으니, 복례문에 들어서는 순간이라도 그 뜻을 생각하라는 의미인 것 같았다.

문을 통과하니 왼쪽으로 작은 연못 광영지光影池가 보인다. 우리나라 전통 연못 천원지방天圓地方 사상을 여실히 보여준다. 땅을 상징하는 네모진 연못에 하늘을 상징하는 둥근 섬을 두었다. 주위에 유장한 낙동강이 있어서 그런지 아담하게 느껴진다.

병산서원에서 선비체험을 하면서 하룻밤을 묵는 일정이었다. 동제 서재도 아닌 살림을 책임지는 곳인 주소방에 들었다. 동제인 명성재明誠齋나 서재 경의재敬義齋에서 하룻밤 묵으면서 유생이 된 기분을 맛볼까 기대하며 달려왔는데 아쉬웠다.

방에 짐을 풀고 '입교당'에 모였다. 서원에 왔으니 선비처럼 행동하는 것은 당연한 일. 조선 시대 여자 예복인 당의唐衣를 입고 앉아있으니 마음가짐도 단정해지는 것 같다. 남자들도 유생이 입었던 복장으로 일인 책상 앞에 가부좌하고 앉앉다. 책 속에 있는 유학자의 깊은 인품을 금세 따라가지는 못하겠지만 겉모습이라도 흉내 내어보는 것이다. 하루만이라도 선비가 되어보자는 심정으로 앉았는데 쪽빛 염색의 모시옷을 입고 신식 모자를 쓴 훈장님이 들어오셨다.

노트북으로 강의하시는 모습을 보며 옛것과 새것의 조화를 생각해 보았다. 옛날의 훈장님 모습을 상상했는데 신문물을 접하고 계셔서 색다른 느낌이 들었다. 입교당의 우물마루 나무 바닥이 세월을 말해 주듯 편안하고 시원했다. 내가 입은 당의 속에서 남자처럼 편하게 양반다리를 하고 남학생들과 같은 공간에서 훈장님께 강의를 듣고 있다. 조선 시대에는 감히 상상도 못했던 일이다. 강의를 들으며 눈길은 힐끔힐끔 사면이 공간으로 탁 트인 만대루晩對樓로 끌렸다.

만대루 기둥 사이로 보이는 낙동강을 바라보니 자꾸만 옛 추억이 떠오른다. 강이 좋아 몇백 리를 달려왔던 그 날, 나는 장대한 강가에 서서 자연의 경이로움에 몸을 떨었다. 한여름, 비가 내렸다. 우산에 떨어지는 빗소리를 들으며 서원을 둘러보았던 기억이 어제 일같이 생생하다. 서원 앞에 흐르는 강가로 가서 울긋불긋한 각양각색의 우산을 쓰고 풍경에 취해 소녀처럼 조잘거리며 즐겼던 추억이 저만치서 나를 부르는 것 같다.

  아이들이 초등학교 다닐 때, 처음으로 산 자동차를 타고 가족 여행을 왔던 곳이 병산서원이다. 병산 아래 하얀 낙동강 모래밭에 앉아 간식을 먹었던 추억이 새록새록 떠오른다. 그리고 보니 병산은 나와 인연이 깊은 곳이다.

  옛 추억을 생각하며 눈은 만대루로 향하고 귀는 강사의 목소리를 듣고 있다. 문득 이번에 옥연정사는 가보지 못했다는 생각이 들었다. 옥연정사는 서애 선생이 징비록을 집필한 곳이다. 선생은 생전에 하회 마을 안에 운지정사를 지어놓았다. 도연명이 해석한 『산해경山海經』을 읽고 나서 이곳에서는 그윽한 맛을 누리기에 만족스럽지 못한 아쉬움이 있으니, 풍광이 수려한 부용대 아래 옥연정사를 짓고자 했다.

  서애 선생이 쓴 옥연서당기玉淵書堂記의 기록을 보면 조그마한 집을 지어 늙도록 조용히 거처하는 곳으로 삼고자 하였다. 하지만 집 지을 재력이 없어 실행에 옮기지 못하고 있는데, 마침 탄홍誕弘이라는 승려가 곡식과 벼를 내놓고 건축 일을 주관하게 되어 집을 지을 수 있었다. 옥연정사에서 서애 선생은 국보 132호인 징비록을 구상하고 집필했다.

옥구슬의 깨끗함과 소沼의 맑음은 모든 군자가 귀하게 여겨야 할 도道라고 했다. 대개 강물이 흐르다가 깊은 소沼가 되었고, 그 물빛이 옥과 같아 옥연정사라고 이름을 지었다고 한다.

강의가 끝나고 묘우당廟宇에 올라갔다. 존덕사에는 서애 선생과 그의 셋째 아들 류진의 위패가 모셔져 있다. 신위를 개독 해 주셔서 우리는 참배의 예를 갖추었다. 나라의 안위를 걱정하셨던 분, 퇴계 이황의 제자로 유학자로서의 길을 올곧게 실천하며 살았던 분이 서애 선생님이시다. '하늘이 내린 인재이니 반드시 큰 인물이 될 것'이라고 예언했다는 말이 생각났다.

묘우당에서 예를 다한 후 나올 때 울산과는 사뭇 예법이 달라서 잠시 허둥거렸다. 울산에 있는 서원이나 향교에서는 묘우당 문 출입을 할 때 동쪽 문으로 들어가서 서쪽 문으로 나오는데 병산서원은 달랐다. 동쪽으로 들어가고 동쪽으로 나왔다. 왜 그렇게 하는지 이유를 물어보니 그냥 그렇게 전해져 왔다는 것이었다. 기록에 따라 어떤 이유가 있어서 예를 실천하는 줄 알았는데 그냥 전해진 것을 따를 뿐이라는 말은 그대로의 뜻이 있어 보였다.

  서원에서 선비체험도 하고 서애 선생의 위패를 가까이서 뵙고 나니 나도 서애 선생의 제자가 된 듯 가슴이 뿌듯해졌다.

  저물 만晩 자가 들어가는 병산서원의 만대루에 저녁이 찾아든다. 마치 삼라만상의 가르침을 노을 한 자락에 실은 것처럼.

60헤르츠

 자연 만물을 읊은 단어들이 많은데 하필 이런 상호를 내 걸었을까. 일렁이는 파도처럼 의문이 밀려왔다. 유럽풍의 성벽 건축물에 걸린 '60헤르츠'라는 의미를 찾기 위해 휴대폰에 빨리 간판 이름을 입력한 후 앉을 자리를 찾았다.
 지인과 점심 식사 후 카페 안으로 들어왔다. 소라고둥을 닮은 크로와상과 공룡알을 닮은 빵, 하얀 분가루를 덮어쓴

빵들을 보니 군침이 돌았다. 은은한 커피 향을 맡으며 주위를 돌아보았다. 예전에는 바닷가 카페에 오면 주로 연인과 또는 친구끼리가 주 고객이었으나 이제는 할아버지와 손주 등 가족 단위 손님이 차와 커피를 마시며 즐기는 풍경이 되었다.

주문한 커피가 나오는 사이 핸드폰에 입력한 것을 읽어 내려갔다. '60헤르츠'란? 전기분야에서 '1초에 60번의 주기가 일어나는 것을 의미합니다. 이 전기는 1초에 전류 방향이 예순 번 바뀐다는 뜻입니다. 이것은 교류 전기의 표준 주파수입니다.'라고 나와 있었다. 혹시 전기 관련 사업을 하시던 분이 카페를 열었을까? 이색적인 이름이라 궁금증은 더했다.

카페 내부가 넓고 천장이 높아 마치 유럽의 궁전에 들어온 듯했다. 장식용 책과 거대한 화분, 여행용 가방으로 편안한 집안의 일상을 연출해 놓았다. 앉으면 금방이라도 잠들 것 같은 푹신한 모양 의자는 실내 장식과 잘 어울렸다. 벽은 색을 칠하지 않은 민무늬로 시멘트 질감이 그대로 드러나 있었다. 바다가 보이는 넓은 창 너머의 파도 소리는 헤르츠 상호를 연상케 했다.

헤르츠는 눈에 보이지도, 손에 잡히지도 않지만, 나를 둘러싼 공기 속 어딘가에서 매초 예순 번의 진동이 일어난다. 전등의 불빛, 냉장고의 윙 소리, 벽 속 어딘가를 지나가는 전선들, 그 모두가 헤르츠의 리듬을 품고 있다.

빡빡한 내 일상에 가끔은 미적지근한 진동과 리듬이 버겁게 느껴질 때면, 그런저런 이유로 해외여행을 다녀오기도 했다. 외국에서는 우리나라와 사용하는 전류가 달라서 어댑터를 챙겨야 했다. 그러면서 나라와 나라 사이에도 다른 전류를 사용한다는 걸 알게 되었다.

우리는 저마다의 주파수를 가진 존재다. 말이 통하고 취향이 비슷해도 어딘가 맞지 않는 사람이 있다. 반대로, 딱히 이유는 없는데 마음의 전류가 흐르는 편안한 사람이 있다. 서로를 존중하고 때로는 조언을 주고받기도 한다. 가끔 만나 예술과 문화를 논하다 보면 어느새 편안해지는 관계가 된다.

문학단체와 동호회, 선배들과의 모임에서 두어 달에 한 번 모여 식사하고 부담 없이 살아가는 얘기를 하다가 헤어진다. 그들은 느리게도 빠르게도 아닌, 지금처럼 적당한 속도로 살아가는 듯하다. 별다른 다툼없이 잘 지내 온 걸 보면 적당한 주파수로 이어져 왔는지도 모른다.

  사회에서 만난 사람이 매우 가깝게 지내다 어떤 일로 실망하며 멀어지는 경우를 허다하게 봐 왔다. 나 또한 아주 가까운 사이라고 편하게 상대를 믿고 대하다가 그 사람에게 실망한 적도 있다. 누구에게나 적당한 거리에서 바라보면 서로에게 실망하지 않고 다툼도 별로 없을 것 같다. 우연히 들어간 카페 이름 때문에 학창 시절 과학성적을 서로 논하기도 했다.

  60헤르츠는 전류의 진동수, 그것은 혼란스러운 불안정이 아닌 규칙적인 리듬이다. 나에게 편안한 관계는 꼭 그렇다. 뜨겁지도 차갑지도 않게 격하게 기대지도 밀어내지도 않고 그저 조용히 그러나 확실하게 진동하는 관계이다. 마치 같은 파장의 전류처럼 같은 리듬을 타고 흐르는 사람들이다. 나는 그걸 '60헤르츠의 인간관계'라고 부르며 오래 갈 수 있는 모임이라고 생각한다.

  모든 사람과 그 헤르츠의 적당한 거리를 이어가기는 힘들다는 생각이 든다. 때로는 내 마음 다 알겠지 하면서 느낌 그대로 말했다가 실실거리며 비웃는 상대의 말을 들으며 프로감을 느낄 때가 많았다. 이제 가능하면 어긋난 주파수 속에 나를 억지로 맞추지 않기로 했다. 잠깐의 맞춤은 허용하겠지만, 어떤 일에서든 오래 흐르려면 결국 적당한 거리의 주파수가 유지되어야 한다.

  인간관계도 결국 하나의 살아있는 회로다. 어떤 이는 나의 삶에 활력소인 전력을 공급하고, 어떤 이는 너무 높은 주파수로 과부하를 일으키기도 한다. 내가 선택할 수 있는 것은 나와 비슷한 주파수를 찾는 것이요, 나도 누군가에게 60헤르츠의 따뜻한 전류가 되기를 바랄 뿐이다. 오늘따라 커피의 뒷맛이 씁쓰레하다.

어산불영 魚山佛影

 가을의 문턱이다. 만어사 사찰 마당으로 오르는 계단 옆에는 배롱나무에 진분홍색 꽃이 만발이다. 절 마당에 핀 꽃을 보니 더위에 지쳤던 여름날의 피로가 풀리는 듯하다. 곧 산비탈을 따라 깔린 암갈색 돌무더기가 눈길을 끈다. 마치, 만 마리의 물고기가 계곡을 따라 올라오다가 멈춘 느낌이다. 사찰 마당에서 아래를 내려다보니 위쪽보다 크기가 작지만, 더

많은 물고기가 바글바글 모여 있는 것 같다.

만어사는 밀양 용전리에 있는 만어산 자락에 있다. 창건 설화에는 만어산의 부처 그림자, 어산불영 『삼국유사』 탑상 편에 그 뜻이 자세히 나온다. 또 하나의 설화는 삼국유사는 일연스님의 구전을 기록한 것으로 어떤 사물의 기원과 관련된 연기 설화이다. 그 설화의 내용은 독룡 한 마리와 나찰녀의 행패를 제거하려 수로왕이 부처님에게 청하여 설법 수계하고 재앙을 물리친 은덕을 기리기 위해 절을 지었다고 한다.

또 다른 설화는 옛날 동해 용왕의 아들이 무척산의 신승을 찾아가서 새로 살 곳을 부탁하니, 신승은 가다가 멈추는 곳이 인연 터라고 일러주었다. 왕자가 길을 떠나니 수많은 종류의 고기떼가 그의 뒤를 따랐는데, 그가 멈춘 곳이 이곳이다. 용왕의 아들은 큰 미륵돌로 변하였고 수많은 고기들은 크고 작은 화석으로 굳어 버렸다고 한다. 미륵전 안에 자연석이 바로 용왕의 아들이 변해서 된 미륵바위라고 한다.

사찰의 창건 설화나 신화를 믿는 건 자유다. 또 여러 가지 구전을 읽어 보니 만어사의 무수한 돌을 물고기로 상상해 본

것들이 많다. 나는 무량수의 바위들 가까이 서 있다. 돌덩이 무리 위를 펄쩍펄쩍 뛰어서 건너본다. 그중 마음에 드는 바위를 손으로 두드려보며 소리를 듣는다. '댕~~' 하는 맑은 울림이 나는 듯도 하다. 사람들도 돌로 석어를 두드려 소리를 듣고 싶어 한다. 그러다가 이게 아니지, 내가 밟는 게 불성이 깃든 석어가 아닌가 하는 생각에 조심스레 발을 옮겨가며 돌 강을 빠져나온다.

이런저런 상상을 하고 미륵전으로 향한다. 법당에 들어선 순간 가공하지 않은 바윗덩이가 2층까지 차지하고 있다. 내가 미처 상상하지 못한 모습이라 당황스럽다. 법당엔 미래불을 모신 게 아니라 큰 고래바위 한 마리가 산을 내려다보며 앉아 있다. 잠시 마음을 가다듬고 바위를 바라본다. 바위 남면에 부드러운 결의 선을 이룬 부처의 형상이 보인다. 어산불영魚山佛影, 어산에 서린 부처님의 그림자를 여기서 본 것이다.

안내자가 말하길 자기 심성이 좋은 사람에게는 몇 개의 부처상을 이 바위에서 볼 수 있다고 말한다. 나는 내 심상이 좋다는 걸 확인하고 싶어 시린 눈을 부릅뜨고 또 다른 부처의 모습을 찾는다. 이것도 내게 없어야 할 욕심이라는 생각이 든다. 보이면 보이는 대로 들리면 들리는 대로 그 뜻이 있고, 그 현상을 넘어선 곳에 더 깊은 뜻이 있을 것인데 마음의 눈도 없이 형상을 읽으려 한 나의 가벼움과 무지를 알게 되는 순간이다.

몇 년 전, 우연히 금강경을 공부할 기회가 있었다. 퇴근 후 도반들과 몇 해를 저녁도 먹지 않고 서당을 드나들었다. 도반들은 간식을 정성스레 가지고 왔다. 처음에는 학교 교사들을 위해 영산대학에서 사서를 전공한 교수를 파견한 강좌였다. 그 강좌에 곁다리로 사서를 공부하다가 학교 사정상 유료화 되면서 유학의 경전 대신 불교적인 금강경을 해독하는 반이 생겼다.

금강경의 조족지혈의 세계를 잠시 맛보며 즐겁게 공부했다. 일 마치고 공부하러 가는 날은 배고픈 줄 모르고 좋은 도반들과 그 세계에 빠져들었다. 그렇게 화엄의 세계를 몇 년 동안 맛보았다. 직장을 그만두면서 밤 외출이 어렵게 되고, 손주들을 챙긴다는 명목으로 금강경을 완독하지 못하고 말았다. 하지만 내 일상이 안정될 때나 가끔 절 법당에 가면 금강경 일독을 한다.

느티나무 아래 영험 있는 돌과 법당 앞에 선 탑, 그리고 종각까지 둘러보고 문 없는 사찰을 나온다. 해발 674미터 만어사 중턱에 만어사가 자리 잡고 있어서 내려오는 길이 그다지 험하지는 않다.

산길을 돌아 내려오다 보니 길가에 돌무더기가 보이고 작은 현판이 세워져 있다. 만어산 정상 고깔봉에서 돌이 굴러 세 길을 만들고 그중 한 갈래의 너들겅이 여기에 있다. 돌이 흩어져있다는 뜻의 너들겅, 이 돌은 불심이 있는 사람이 두드리면 신비하게 종소리가 나는 경석이라고 한다. 경쇠 소리를 내는 신비한 돌을 보고 길가 카페 옆 포토존에 멈춘다. 전망대가 제법 넓다. 다랑논이 많은 감물리 들녘 풍경이 정겹다.

전망대 옆 찌아찌아 카페에 들어간다. 한쪽엔 신비한 바위가 있는데 2014년 여름 우기에 벼락을 맞아 큰 바위에서 떨어진 조각 전체를 옮겨 놓은 것이라 한다. 상상하기 힘든 엄청난 에너지를 방사하고 있어 매우 신비한 자료라고 설명문이 놓여있다.

상술이 가미된 지나친 설명이겠지만 그것 또한 돌을 옮겨 온 사람의 믿음이라면 그만한 의미가 있으리라는 생각이 든다. 바위에 부처의 형상이 보이거나 또 벼락 맞은 바위에 좋은 에너지가 담겨 있다고 믿는 것은 결국 자신의 몫이고 마음의 깊이에 달린 것이다. 산 아래 저 멀리 밀양강과 낙동강이 만나 더 깊어진 유유한 강의 얼굴이 보인다.

괴시마을에서

　영덕에 다녀왔다. 괴시리는 영해 평야가 펼쳐져 있는 곳이라 시야가 확 트이고 풍광이 수려했다. 농촌이지만 여느 농촌과는 달랐다. 유명 관광지처럼 주차장과 마을 안내 표지판이 잘 설치되어 있었다. 동편 입구에는 오래된 느티나무가 한 그루 서 있고 그 아래에는 평상도 놓여있어서 평온해 보였다. 서너 시간 버스를 타고 온 피로를 내려놓기 위해 일행은 평상에 앉아서 식혜 한 잔씩을 마시고는 마을 안으로 들어갔다.

괴시마을은 호지濠池가 있어서 호지촌濠池村이라 부르다가 고려 때 목은 이색이 원나라에 다녀온 후 그곳의 괴시 지역과 닮았다 하여 괴시槐市마을로 불렸다고 한다. 이곳은 고려 말 함창 김씨가 처음 들어왔고 그 후 조선 시대 수안 김씨와 영해 신 씨·영양 남씨가 들어왔다고 한다. 하지만 지금은 대부분 영양 남씨가 살고 있다.

골목길을 걷다 보니 고택의 낮은 담장 너머에는 자두가 주렁주렁 열려 있고 마당은 넓었다. 고풍스러운 30여 호의 고택은 양반들 삶의 흔적이 고스란히 남아 있다. 영양 남씨 괴시파 종택은 문화재로 지정되어 있었다

마을 앞 남서쪽에 있는 유허 비각엔 비석 두 개가 나란히 서 있었다. 비석의 주인공은 이곡李穀과 그의 아들 이색李穡이었다. 이색의 아버지 이곡은 고려말 문신으로 특히 울산에 관한 시를 많이 남겼다. 울주팔영 한시를 남겼기에 비석을 보는 순간 반가웠다. 그는 원나라에 들어가 문사들과 교유하며 벼슬을 했고, 귀국해서 밀직부사를 역임했다. 함창

김씨 영해 향교 김택의 사위가 되었다. 따라서 그의 아들 이색이 이 마을의 외가에서 태어났다. 부자가 차례로 원나라에 유학하고 학자로 이름을 날렸기에 이곳 괴시마을 앞에는 이곡과 이색의 유허비가 서 있다.

이색은 아버지 이곡의 보살핌 덕인지 공민왕 때 성균관과 예문관 대제학을 등을 지내고 많은 제자를 길러낸 학자로 불사이군의 지조를 지킨 충신이었다. 그래서 이색의 탄생지인 외가 마을이 지금까지 살기 좋은 명당으로 알려진 것 같다.

갈색 팻말이 목은 이색 전시관을 안내하는 방향으로 따라갔다. 골목을 지나 비탈길로 숨을 헉헉거리며 올라갔다. 산허리쯤에 있는 전시관 초입에 핀 순백의 산딸나무꽃에 눈길이 닿았다. 열십자로 핀 꽃이 깔끔한 불사이군 이색의 정신을 보여 주고 있는 것 같다. 잠시 가쁜 숨을 차분히 가다듬었다. 그 꽃은 올곧은 학자로 제자들의 존경을 받았던 목은 이색의 생가 입구에 딱 어울리는 꽃이었다.

전시 관람 예약을 하지 않아서 그런지 대학자의 전시관에는 안내자도 없었다. 자유롭게 선생의 생애 업적을 살펴보았다. 이곡李穀은 고려 때 울주의 아름다운 경치를 한시로 노래했다. 어느 대학의 교재에 언급된 것을 보니 '이곡의 어머니는 흥려부 고을의 외동딸이었다'라는 기록을 볼 때 울산이 이곡의 외가이며 탄생지라는 설을 추정해 차츰 밝혀 볼 일이었다. 혹여 목은이 아버지를 따라 울산에 다녀간 기록이 있을까 하여 찾아보지만 짧은 시간 그런 기록을 찾는다는 것은 무리라는 생각에 중도에 포기하고 말았다.

걸어서 마을 곳곳과 산비탈에 있는 목은 생가와 전시관을 돌고 나니 허기가 느껴졌다. 점심을 먹기 위해 영덕의 축산항으로 갔다.

바다는 언제 봐도 마음이 확 트이는 것 같았다. 반달 모양의 축산항은 죽도와 이웃해 있고 멀리 보이는 수평선이 둥글어 보였다. 바다 위에 떠 있는 작은 어선들은 한 폭의 수채화였다. 주로 새벽이나 밤에 출어하기 때문인지 낮에는 항구에 정박해 있는 어선이 많았다. 어선에 꽂힌 삼색의 깃발은 만선을 염원하는 듯 해풍에 펄럭이고 있었다.

영덕 특미인 물가자미 정식을 잘한다는 집으로 갔다. 식당 2층에 앉아서 바다를 바라보며 땀을 식히고 있으니 어느새 주문한 가자미 정식이 한 상 가득 차려졌다. 물가자미회와

가자미조림, 가자미식혜 등 가자미로 만든 요리가 일곱 가지다. 풍성한 점심을 먹고 나니 다들 얼굴색이 환해 보였다. 식당을 잘 선택한 것 같다고 만족해하며 나왔다.

 항구에 막 들어온 배에는 구멍 숭숭 뚫린 노란 상자에 색이 유난히 붉어 보이는 새우가 가득가득 담겨있었다. 싱싱한 새우를 살까 하여 배 가까이 다가갔다. 선장으로 보이는 남자가 수염이 길고 색이 고운 새우를 들어 보이며 "이게 요즘 제일 인기 있는 효자 독도새우라는 깁니다. 요즘 영덕에서 독도새우가 잡히는 덕에 입에 풀칠합니다."라며 즐거운 표정을 지었다.

 선장으로 보이는 그는 빙 둘러싸고 있던 일행 중 두 사람에게 독도새우를 한 마리씩 주었다. 그들은 붉은 독도새우를 받아 들고 잠시 머뭇거리더니 이내 껍질째 입 안에 넣고는 꼭꼭 씹어 삼켰다. 김회장은 싱싱한 독도새우가 등이 터지지 않은 것은 고래가 싸움을 안 해서라며 농을 던졌다. 새우를 얻은 두 분은 행운을 잡았다며 고맙다고 인사를 했다. 순간 '새우는 중요한 내장을 등에 짊어지고 빈 배는 무엇을 감추려 했을까.'라는 어느 수필가의 글이 떠올라 잠시 시선을 바다로 향했다.

 축산항 근동에 있는 죽도산에는 전망대가 있었다. 그곳에 올라가면 영덕 전체를 볼 수 있다기에 죽도로 향했다. 흔들거리는 다리를 걸어서 섬으로 들어갔다. 죽도산 전망대의 계단이 너무 높아 보여 다들 손사래를 치며 포기했다.

 낯선 곳에서 우연히 빚어지는 일들로 인해 그곳이 오래 기억에 남는다. 독도새우를 사심 없이 건네는 어부의 마음을 보면서 어촌 항구의 풍경은 좋은 기억으로 남게 되었다. 답답한 일상을 벗어나고자 떠났던 영덕 여행이었다. 괴시 마을과 축산항에서 영덕 하늘과 바다의 맑음을 마음에 담고 왔다.

수리수리 마하수리

　국립경주박물관 '수구다라니 아주 오래된 비밀의 부적' 특별전을 돌이켜 본다.
　마애불을 향해 '수리수리 마하수리' 외워 본다. 산스크리스트어인 '수리'는 길상을 '마하'는 크다는 뜻을 지녔다.
　춘삼월, 날씨가 매서운 토요일이다. 울산불교문인협회 올해의 첫 순례지가 경주 남산 열암곡이다. 두 번째 찾아가는 경주 노곡리 299번지. 길 찾기가 쉽지 않다. 대형 버스 4대가 노곡리 주차장에 서 있다. 버스에 '부처 바로 세우기 해인사 신도회'라는 형광 네온 글씨를 보는 순간 축제의 장으로 들어 온 기분이다.

문수원 수안 큰 스님이 먼저 와 계신다. 다섯 손가락을 붙이는 합장으로 인사를 드린다. 눈·귀·코·혀·피부 등이 오감을 좇아 부산히 흩어지는 상태를 한 곳으로 향하게 한다는 뜻의 합장 인사가 어찌 보면 가장 무겁고 진심이 담긴 인사라는 생각이 든다. 산에 오를 준비를 마친 수안 스님은 주장자 같은 지팡이를 들고 계신다. 오방색을 사용해 획이 뚜렷한 선화로 한국불교를 세계에 알린 분이다. 가끔 뵈면 무심코 사용하는 우리 언어에 조심하고 삼갈 것을 알려 주시는 자상한 분이기도 하다.

회장님은 산 오를 때 주의 사항을 전한다. 그녀가 준 초록색 부추떡과 스님이 가져온 귤과 소설가님이 보낸 지팡이 이 모든 것이 불자의 무주상 보시, 자비를 베풀어 서로 챙기고 걱정하는 마음 순례의 꽃이라는 생각이 든다.

손자는 가끔 문방구에 파는 마술 재료를 들고 와 가족들

앞에서 마술쇼를 보인다. 그때마다 손목을 둘둘 말아가며 '수리수리 마하수리 얏!'이라고 외친다. 은근히 재밌고 어른들이 놀라는 모습을 즐기는 듯한 표정이다. 어린아이가 마하 수리의 깊은 뜻을 어찌 알겠는가만, 그 말을 하는 표정은 진지했다.

남산 열암곡 산길에 코코아 껍질로 엮어 만든 야자 매트가 깔렸다. 이 모두 누군가의 자비로 편하게 걸어 올라가도록 해 놓은 것이다. 산을 오르는 길섶에는 초봄이라 사람들의 발걸음에 스치기라도 한 걸까? 하얀 서릿발 조각이 흩어져있다. 아담한 숲길은 폭이 좁아서 한 사람씩 줄 서서 오르기 알맞다.

산길을 30여 분 걸어 올랐다. 산 위를 본다. 앞으로 넘어진 마애불이 있는 곳이 보인다. 예사로운 곳이 아님을 한눈에 알 수 있다. 산 형세는 경사가 있어 돌로 쌓은 두 단의 높은 기단이 있다. 천년 세월을 지나면서 표토의 변화는 있었겠지만, 지세가 품은 깊은 뜻은 변하지 않았을 것이다. 석축 기단 왼편 길섶에 둥근 너럭바위가 있다. 잠깐 물이라도 마시고 쉬어가고 싶지만, 부처님을 앞에 두고 그럴 수가 없다.

건너편에는 '천년을 세우다 다라니' 기도가 한창이다.

　너럭바위에서 조금 걸어 광배를 두른 석조불상 있는 곳에 도착한다. 그곳에서 동쪽으로 서너 계단 아래 내려서니 넘어진 불상이 엎드려 계신다. 위로는 유리지붕이 씌워져 풍수의 피해를 더 입지 않게 해 두었다. 넘어진 불상 앞 제단 위에 현수막이 두 개나 걸렸다. 위쪽 현수막에는 '경주 남산 열암곡 마애불상 바로 모시기 천일기도 매월 첫 주 토요일 대한불교조계종 미래본부가 주관'이라고 쓴 글귀가 있어 불자들의 염원이 느껴진다.

　스님 뒤로는 많은 불자가 좁은 공간에 앉아 다라니를 외고 있다. 봄이지만 추운 날씨라 가사 장삼이 얇아 보인다. 다행히 귀를 살짝 덮은 모자를 쓴 분도 있고, 민머리인 채로 앉아 다라니를 외는 스님을 보니 감기 걸릴까 염려된다. 그러나 부처님은 천년을 엎드려 계셨는데 추위가 문제이겠는가. 부처님이 바로 서시기를 바라는 염원이 지극한데 지금 이 추위야. 내 마음이 숙연해진다.

　회원 몇 사람과 함께 비좁은 틈새를 비집고 들어가 넘어진 마애불 곁으로 갔다. 허리를 숙이고 불과 5cm 공간을 두고 얼굴이 땅으로 향하고 있는 거대한 불상을 본다. 온화한 미소 띠고 계신다. 옆 모습만 볼 수밖에 없지만 온전한 형상이 그대로 마음에 비친다. 놀라움에 가슴이 떨린다. 풍화의 흔적이 전혀 없이 이렇게 생생한 모습으로 계시다니 얼마나 경이로운 일인가. 5센티의 간격을 두고 온전히 계신 것은 기적에 가깝다. 그 기적이 바로 부처님의 뜻이 아니겠는가.

  누구는 천년 세월 동안 잠이 든 부처라고 말하지만, 아니다, 엎드려 천년을 가슴에 품고 계시는 것이다. 얼굴을 아래로 향하여도 변치 않는 마음을, 현현한 불법의 혜율을 전하려 하신 것이다. 두 손 모아 합장하고 흩어진 마음 일심으로 모은다. 천년을 묵묵히, 엎어져서도 억만 중생을 구하려 하셨을 그 인고의 가르침을 어찌 세월이라 말할 수 있겠는가.

  엎드려 천년을 중생의 소리를 들어오셨으니 이제 정립의 위치로 돌아와 천년에 그 천년을 더하여 수천 년을 중생의 곁에 계시기를 염원하는 마음이 간절하다. 내가 아무리 고개를 숙이고 몸을 엎드려도 부처님의 형상보다 더 낮아질 수 없으니 마음만이라도 더 아래로 낮추어 경배한다. 부처님은 앉은 좌불, 누운 와불, 엎드린 복불 모든 불이 중생을 위해

설법을 놓지 않으신다는 그 뜻을 다시 새겨본다.

 넘어진 불상 옆에서 합장하며 내 안의 번뇌를 모두 내려놓는다. 수수리는 지극하다, 사바하는 원만 성취의 뜻을 가진 걸 알게 된 이후 가끔 즐거울 때 쓰는 다라니다. 지금 불상 앞에 간절한 염원을 담는 우리의 다라니도 성취로 이어지길 바란다.

 '수리수리 마하수리 수수리 사바하'

위문록 상자

　지난해 나는 근대기록문화를 조사하는 일에 참여했다. 한국국학진흥원에서 말하는 근대라는 기간(1910~1979)은 임시로 정한 것이다. 조사 범위는 개인 소장 자료를 대상으로 한다. 그렇다 보니 사적 모임이나 공적 모임에서 지인들에게 명함을 건네 내가 하는 활동을 알리며 자료를 보여 달라고 부탁을 하곤 했다.

지난해 9월부터 활동을 시작했으나 팬데믹으로 자료 조사를 제대로 하지 못했다. 한 집안의 소중한 유산과 같은 자료가 포함된 것이라 쉽지 않았다. 하지만 조사 취지를 이해한 분들은 고맙게도 가족의 옛 추억과 삶의 궤적이 담긴 서적이나 문서 등을 사진으로 찍어 보내주기도 했다.

지인으로부터 특이한 문서를 모아 보관한 유물 상자를 받게 되었다. 종갓집 맏며느리인 그녀는 유물 상자를 싼 갈색 꽃무늬 보따리를 선뜻 내게 건네주며 "우리 집안에 대대로 소중히 보관해 오던 것입니다."라며 하는 일에 보탬이 되었으면 좋겠다고 했다. 그녀는 시댁의 오래된 서류가 여기에 다 들어있다는 말도 덧붙였다. 보자기를 풀어보니 두꺼운 종이로 바른 나무상자였다. 뚜껑이 있는 상자는 위아래가 경첩으로 연결되어있고 철로 된 열쇠와 자물통 고리가 붙어 있었다.

작은 빗장으로 걸린 자물통 쇠고리를 보니 한 가문에 비밀의 문을 여는 듯 가슴이 설레었다. 나무상자를 여는 순간 한지에서 묵은 향이 났다. 두꺼운 한지를 곱게 접어 차곡차곡 쌓아 간직한 종이를 펼쳐보니 한글과 한자로 혼용된 붓으로 쓴 글이었다. 그 집안의 살림을 엿볼 수 있는 전답 매매 문서와 영수증, 그리고 각종 공문서 등이 가득했다. 그 문서들은 초보 조사원인 나에게는 일거리를 안겨준 것이나 다름없으니 정말 소중한 것이었다.

여러 번 손길이 닿아 각이 반듯하게 접힌 한지를 펼쳐보았다. 붓으로 쓴 제문이었는데, 자세히 읽어 보니 딸이 아버지 제사에 올린 것이었다. 세로로 쓰인 제문의 문장은 정이 물 흐르듯 내 감성을 적시고 가슴이 매어지는 표현들이 많았다. '아버지께서 생전 좋아하시던 음식을 제사상에 차렸습니다. 아버님 오늘이라도 많이 잡수세요.'라는 글로 뒤늦게 아버지께 효도하지 못한 걸 후회한다는 내용이었다. 제문을 읽으면서 나는 아버지 제사에 제문을 쓰는 것은 고사하고 참석도 잘하지 못한 것이 생각나서 부끄럽고 죄스러운 마음에 눈시울이 뜨거웠다.

지금 생각해 보니 친정 부모님께 늘 받기만 했던 것 같다. 철이 없는 막내로 나만 생각하고 살아오면서 부모님 마음을 깊게 헤아리지 못했다. 하지만 이 일로 인해 딸자식으로서 도리를 다하지 못했음을 뉘우치는 계기가 되었다.

나무상자 안에 차곡차곡 쌓인 문서 수십 점을 밖으로 들어내다 보니, 바닥에서 나무로 만든 연 얼레가 보였다. 초록색 나일론 실이 칭칭 감겨있었다. 그것을 보는 순간 지인의 가족 관계가 생각났다.

상자를 건네준 이는 슬하에 딸만 넷을 두었다. 어쩌면 부모님이 대를 이어줄 손자를 기다리며 아무도 몰래 그 얼레를 숨겨서 간직해 왔던 것 아니었을까 싶었다. 만약 그 종갓집에 손자가 태어났더라면 나무로 만든 연 얼레가 지금까지 남아 있지 않았을 것이라는 생각이 들었다. 그녀가 손자를 못 안겨드려서 시부모님의 매서운 눈초리를 받고 살아왔다는 말을 들어본 적이 없다. 딸 넷을 키우느라 얼마나 고생이 많았을까? 비슷한 연령대에 자식 넷을 둔다는 것이 흔하지 않다. 괜히 애잔한 마음이 들었다.

그 나무상자 속 문서 중에는 마을과 마을을 잇는 인연들이 있었다. 마을의 역사와 한 종가의 관혼상제가 기록된 책도 있었다. 그 속에는 한자로 된 제문의 머리글을 하나씩 찾아 언제 어디서 누가 어떻게 쓴 것인가를 읽고 해제를 써야 했다. 또 한지로 엮어 만든 부의록賻儀錄과 위문록慰問錄도 있었다.

　위문록은 오늘날 방명록과 같다. 당시 죽음을 슬퍼하고 위로하는 방법이 참으로 소박했다. 강점기 이후의 부의록을 보니 장작이나 쌀, 또는 현금 등을 기록한 것으로, 그 당시 화폐단위로 500원으로 기록된 것도 보였다. 특히 상례에 철저히 예를 다한 것 등이 붓끝으로 자세하게 기록되어 있어서 상주를 위로하는 마음이 엿보였다.

　이런 자료를 수집하는 한국국학진흥원의 근대기록이란 1910~1979년 사이에 생산된 문서나 서적 각종 종이에 기록된 공적인 성격을 지닌 사진 자료를 말한다. 이런 근대기록문화는 사료적 가치뿐만 아니라, K-드라마, K-POP을 넘어서는 지속적인 한류의 원천이 될 수 있다.

　작년에 이어서 올해도 근대기록조사원으로 활동하면서 실생활에서 사용된 문서들을 접한다. 어둠에 묻힌 과거가 햇볕을 쬐면 역사가 되고 달빛에 젖으면 신화가 된다는 말을 가슴에 새긴다. 세상이 아무리 변해도 과거를 살펴보며 역사를 배워야 한다. 과거는 미래의 거울이라는 말을 마음에 심어본다.

남해 성지

　남해 이순신 바다공원을 찾았다. 이른 시간이라 그런지 관음포만은 조용하다. 바다는 쪽빛 장판을 깔아 놓은 것 같다. 마치 육지의 반듯한 광장처럼 보여 그 위를 걸어도 될 것 같다. 바닷가를 공원처럼 편안하게 산책할 수 있는 이 공간을 왜 '이순신 바다공원'이라 부르는지 알 것 같다.
　예전 바다공원은 이순신 장군이 노량해전에서 순국한 후

처음 육지에 모신 곳이다. 그래서 이락사李洛死라고 불렀다. 오늘 이곳에 오니 오래전 고현중학교 추억이 아련히 떠오른다. 매년 4월 28일이면 학교에서 장군의 탄신 일을 챙겼다. 전교생이 차면마을의 이락사까지 걸어가 참배했다. 그날이면 집에서 학교까지, 그리고 학교에서 이락사까지 왕복해 8km를 숨이 차도록 걸었던 기억이 있다. 남해에서 자란 사람에게 이순신 장군은 단순한 역사 속 인물이 아니다. 바다를 지키던 그의 기개는 마을 사람들의 마음을 묶어 주는 신과 같은 존재이다.

　이순신 장군의 유허 비각으로 향한다. 제단으로 오르기 전 오른쪽에 검은 비 하나가 서 있다. 싸움이 급하니 내 죽음을 알리지 말라는 뜻의 '전방급戰方急 신물언아사愼勿言我死'라는 글귀가 새겨져 있다. 장군이 순국 직전에 남긴 마지막 말이다. 이 비는 충무공 순국 400주년 기념으로 세운 유언비이다. 이 한 구절의 문장에 장군의 마음이 오롯이 담겼다. 죽음의 순간에도 수군의 사기를 먼저 걱정하고 순국 직전에도 나라를 위해 목숨을 아끼지 않았던 명장임을 대변해 준다.

　비각으로 향하는 길목에는 쭉쭉 뻗은 소나무와 동백이 나란히 서 있다. 한여름이라 무성하게 자라 장군의 참배객을 반기며 호위하듯 나열해 있다. 1592년 임진년에서 정유년까지, 바다는 일곱 해 동안 전쟁의 파도를 견뎌야 했다. 정유년 11월 19일, 노량해전의 관음포에서 이순신 장군은 순국했다. 신성한 성지로 일 년 내내 많은 참배객이 드나드는 곳이다. 큰 별이 떨어졌다는 대성운해大星隕海가 새겨진 (비각) 현판을 향해 묵념을 하고 이순신 영상관으로 향한다.

영상관의 돔형 건물 안으로 들어선다. 장군의 일대기와 가족사를 소개하는 공간을 지나면 당시의 장군복과 복제된 갑옷, 투구와 칼 등 빛바랜 무기들이 전시되어 있어 눈길을 끈다. 영화관으로 들어가 의자에 눕는다. 허리는 편안하지만, 영화를 누워보는 낯선 자세가 어색하다. 천장을 자연스레 쳐다본다. '불멸의 바다'라는 영화를 누워서 관람하는 이색적인 체험을 한다.

바다공원인 이락사가 있는 관음포만은 고려 시대 대장경을 새겼을 곳으로 추정된다. 13세기부터 관음포는 몽골의 잦은 침입을 겪었다. 이에 대장경을 새겨 부처님의 힘으로 몽고의 침입을 물리치고자 했을 것이다. 또, 고려말 정지 장군은 120척의 배를 앞세워 침입한 왜에 맞서 47척의 배와 화포로 대승을 거둔 성지이다. 고려인들이 부처님 말씀을 나무에 새기던 곳이라 하여 관음이라 불렀고, 지금 근동에는 큰 절이 있었다는 '대사리'라는 지명도 있다. 학자들의 역사 연구가 진행되고 있으니 언젠가 역사의 구슬이 꿰어질 것이라 생각한다.

관음포만의 동산에 이락사가 있고 이순신 영상관 옆은 차면마을이다. 영상관 주변을 걷다 언덕에 핀 하얀 치자꽃이 보인다. 유독 남해에서 많이 자생하는 치자이다. 남해의 삼대 생산물로 유자, 치자, 비자가 있다. 특히 치자꽃은 고향마을 산골 다랑논 비탈진 언덕에서 많이 보았던 꽃이다.

바다공원의 해설사가 고두현 시인의 '늦게 받은 소포'를 낭송해준다. 이어 치자꽃 설화를 낭송해 주는데 그 내용이 서글픈 첫사랑 이야기라 눈물이 절로 난다. 그녀는 해설 뿐만 아니라 낭송도 잘하는 만능 해설사이다. 내 유년에 정태마을 생골 다랑논 언덕에 피던 하얀 치자꽃을 닮았다. 부모님과 함께 일하며 맡던 달콤한 향이 그녀에게서도 난다. 다시 버스를 타고 이동한다. 차창 밖으로 부모님이 누워 계시는

남해 성지

선산 자락이 보여 눈가가 촉촉해진다.

  남해, 조선 시대를 노래한 유배객의 글 속에 꽃이 피고 밭을 일구는 곳을 화전花田이라 불렀다. 약천 남구만, 김구 선생 등 고려와 조선 시대 약 200여 명이 남해로 유배 와서 살았다. 그 중 서포 김만중이 남해 노도에서 쓴 '구운몽'은 널리 알려진 작품이다. 몇 년 전, 김만중 문학관이 건립되었고 그들이 남긴 작품을 전시하는 유배문학관도 있다. 유배자들에게 남해는 심신을 다듬는 수련의 섬이었으리라 생각된다.

  남해 관광 지도를 보면 연인이 아기를 감싸 안은 모습이다. 자세히 보면 차면마을은 여인이 비녀를 꽂은 자리이다. 비녀 차釵를 쓰다가 마을 형상이 수레와 비슷하다 하여 차면으로 부르기 시작했다는 설도 있다. 또한 연안 차씨 남해 입향조가 살던 마을이라 '차면'이라는 지명이 전해진다는 것을 큰아버지로부터 전해 듣기도 했다.

  몇 해 전에 연안 차씨 남해 입향조를 찾기 시작했다. 차덕봉 선조는 사헌부감찰을 지냈고 1607년~1726년 시조로부터 31세손으로 이곳 차면에 무덤과 비석이 있었고, 십 년 전 지금의 설천 정태마을 웃골 가족묘에 비석을 이건 했다. 이락사가 있는 차면마을에는 중학교 때 친한 벗들이 살아 자주 놀러 왔던 곳이다. 관음포만의 이락사가 있는 차면마을은 개인적으로도 성지라 할 수 있다.

남해 초입에 있는 고현면 차면마을 관음포의 이락사는 임진왜란의 명장 이순신의 영혼이 깃든 곳이다. 노량해전의 역사를 한눈에 알려주는 전시관이 있다. 남해인들의 이순신을 향한 감사의 의미가 담긴 공간이다. 장군의 충의를 배울 수 있는 이순신 바다공원으로 거듭나는 것을 확인한다. 서재심 해설사 덕분에 이곳이 장군의 성지임을 다시 각인한다. 또 이 일대의 차면마을까지 개인적으로 입향조와 친구들 생각으로 나만의 성지임을 느낀다.

네게로 가는 길

 여유로울 때 노래 듣기를 좋아한다. 그때의 기분에 따라 들으며 같이 부르기도 한다. 옛 노래는 유년 시절에 들었던 곡이라 낯설지 않다.
 몇 년 전 경기도 화성의 의덕사를 다녀온 적이 있다. 돌아오는 버스에서 누군가 근대기의 노래 '님'이라는 곡을 불렀다. 느린 발라드풍으로 나도 쉽게 따라 부를 수 있었다. 노래

부른 사람이 이 곡에 관하여 설명해 주었다. 가사를 쓴 사람이 울산 온양 출신의 차경철이라는 작사가라고 했다. 작사와 작곡도 좋았고 가수가 노래까지 잘 불러 발표 당시 많은 주목을 받았다고 했다.

'님'은 한국인이 즐겨 부르는 노래 중에 한 곡이다. 가사를 톺아 보면, 님을 향한 깊은 그리움과 애틋함, 그리고 기다림의 정서가 진하게 배어 있다. 살면서 누구나 한 번쯤 사랑에 빠져본 경험이 있을 것이다. 사랑이 닿아 행복을 맞은 이들은 그 소중함을 지키려 애쓸 테고, 사랑의 상처에 다음이 힘든 이도 있을 것이다. 아직도 끝없는 길 위에서 저마다의 사랑을 찾아 헤매는 이들의 발걸음은 멈추지 않고 있을 것이다.

누구든 사랑은 늪과 같아 허우적대기가 일쑤다. 그 때문인지 '님'은 늘 머무르지 않는 존재이다. 그날 버스 안에서 들었던 '님'은 사랑의 아픔과 그리움이 애잔하게 담겨 조용하면서도 강한 여운을 남겼다. 한동안 나는 그 노래에 머물러 있었다. 이 노래는 1963년 '창살 없는 감옥'이라는 영화로 제작되었다. 강범구 감독, 황해·이경희 주연으로 박재란의 애절한 목소리와 함께 큰 인기를 얻었다. 또, 한국방송에서 '세월 따라 노래 따라 오십 년의 감동 음악'으로 선곡되기도 했다.

작년 봄에 제일고 동기들과 창원 성주사 템플스테이에 참여했다. 가랑비가 내려 우산을 들고 명상할 수 있는 공간을 찾았다. 곰의 전설이 있다는 걸 암시하듯 일주문 앞에 파란색 큰곰 모형이 우릴 반겨 주었다. 경내를 둘러보고 스테이 공간으로 들어갔다.

절에서 운영하는 명상 공간은 앞 벽이 통유리로 숲과 계곡이 훤히 보여 산속에 있는 느낌이었다. 보살이 우리를 맞이하며 절복을 내놓았다. 옷을 단체로 입고 명상 준비를 하고 있는데, 몸가짐이 단아해 보이는 비구니 스님이 오셨다. 녹차를 우려서 차를 한 잔씩 직접 따라 마시게 했다. 산사 선방에서 양반다리로 명상도 하고 방바닥에 누웠다. 눈을 감고 비구니 스님의 목소리를 들으니 마음속 분주한 일들이 사라지는 듯했다. 또한 스님이 내는 싱잉볼 소리는 마음속 욕심을 녹이게 했다.

사찰에서 비빔밥으로 공양하고 피안교 건너에 있는 맨발

걷기 장소로 이동을 했다. 비가 내려 황톳길을 걷기는 위험하니, 걷지 말자는 의견과 그래도 걷자는 의견이 갈라졌다. 나는 무조건 걷자는 의견을 냈다. 공기 맑은 곳에 왔으니 우산을 쓰고 맨발로 질척거리는 황톳길을 걷다가 산길을 걸었다. 비 오는 산사의 운치를 제대로 느끼며 다시 출발했던 곳으로 돌아왔다.

마산으로 향했다. 경남 창원시 마산 합포구 추산동 언덕에 있는 창원시립마산문신미술관을 찾아갔다. 화가이자 조각가인 본명 문안신 조각가는 예명인 문신으로 통한다. 자신의 작품 조각과 그림을 모두 미술관에 전시하고 있다. 현대적 소재인 스탠인리스로 만든 다양한 조각상을 인상 깊게 둘러보았다.

바다가 보이는 미술관 마당에서 친구들은 저녁을 먹으러 어디로 갈까? 묻기에 나는 재빨리 합포구 바닷가로 가자고 했다. 그런 차에 옆에 있던 친구도 낮에는 절에서 비빔밥을 먹었으니 저녁은 장어구이로 먹자고 했다. 내가 합포항에 갈 기회를 잡는 데 도움을 준 친구가 고마웠다. 다행히 마산의 합포항으로 저녁을 먹으러 갔다.

합포항은 상가 불빛으로 대낮 같았고 방문한 사람들로 붐볐다. 그 화려함과 달리 이곳은 비극적 사건을 품고 있다. 1960년 3·15 부정선거를 본 김주열은 규탄대회 참여했는데 얼마 후 그의 시신이 떠올라 발견된 곳이다. 그 사건을 방송으로 접하고 노랫말로 표현한 차경철의 용기는 올곧은 성품을 그대로 드러낸다. 김주열의 안타까운 희생을 보고 '남원 땅에 잠들었네' 노래가 만들어졌고, 그 노래는 곧 민중가요의 효시가 되었다.

합포항에 차경철이 작사한 '남원 땅에 잠들었네' 악보가 그려져 있는 걸 보니 이렇게라도 전해지니 다행이다 싶었다. 차경철 작사가의 노래 가사가 파도 소리와 함께 열사의 못다 이룬 꿈을 노래하는 것 같았다.

의덕사를 다녀온 이후 '님, 남원 땅에 잠들었네' 등 50여 편의 가사를 쓴 작사가의 생이 궁금해 울주군 온양면 망양리 마을로 찾아갔다. 울주군의 동남쪽으로 망양역이 설치되어 교통이 좋았다. 마을에 사는 문인화가인 차경철 육촌 동생은 "역사에 남는 작사가가 탄생한 생가인데 이미 다른 사람이 살고 있다."라며 안타까워했다. 한국 대중음악사에 남은 인물의 생가에 표석이라도 세웠으면 좋겠다고 했다.

  옹기박물관 넓은 공원 길섶에 예술인들이 세운 '님' 노래비가 있다. 지나는 길에 그 앞에서 가사를 한 번 읽어보고 발길을 돌린다. 울산 울주 온양면의 망양리 한 예술인으로 가사를 쓴 문학인 차경철 작사가의 이야기를 찾아보면서 걸어온 길과 걸어갈 길을 생각해 본다.

5부

슬립콘서트

거북의 빛
어머니 바늘
봄 편지 꽃편지
반구천 모은정에서
슬립 콘서트
눈길 위의 덕
월연대 월주경
울산에서 동검銅劍을 찾다

거북의 빛

　모든 게 버겁고 힘들 때 우연히 만난 예술에서 위로를 얻는 경우가 있다. 그저 바라만 봐도 가라앉았던 기분이 나아지기도 한다. 이런 것이 바로 예술작품이 주는 힘이 아닐까.
　2022년 초 울산시립미술관이 개관했다. 울산광역시 중구 도서관길 72, 울산 동헌 동쪽에 있다. 이곳은 울산중부도서관이 있던 자리다. 신혼 시절과 중년에 이르기까지 내게는 문화생활을 누리던 공간이었다. 소중한 추억이 서린 그 터에 미술관 건립을 환영하며 축하와 감사의 마음으로 따뜻한 봄날에 다녀왔다.

미디어아트 전문 미술관을 지향한다는 울산시립미술관 본관 제1전시장에 들어섰다. 회화 위주가 아니라 설치미술이 첨단 기술과 융합된 것을 볼 수 있었다. 기술과 인간의 동존을 추구하는 작품과 사람이 직접 참여하는 외국 작가의 행위예술 작품도 있었다. 대부분 지구 환경의 경각심을 일깨우고 있다는 느낌이 들었다. 편리함을 추구하기 위해 또 다른 파괴를 일으키고 사는 인간의 이중적 욕망을 의미화한 작품들이 많았다.

울산시립미술관 제2전시장은 동구 대왕암공원에 있다. 유채꽃 향이 풀풀 날리는 봄, 미술관 개관 기념 소장품전 '찬란한 날들' 현수막이 건물에 걸렸다. 대왕암공원 내 구 울산교육연수원이 전시공간이었다.

교실처럼 구분된 공간에 현대미술 감각이 돋보이는 개성 있는 작품이 많았다. 이 허름한 공간에서 설치미술가 이불 작가의 작품을 발견했다. 광주비엔날레에서 알게 된 이불 작가의 설치작품을 울산에서 만나다니 반가웠다. 한 층의 공간을 다 차지한 대작이었다. 〈취약할 의향〉 메탈라이즈드 벌룬 V3은, 공중에 떠 있어 얇은 은빛 메탈 우주 비행선을 보는 것 같았다.

작품 설명을 보니, "십 미터 길이의 대형 비행선이 공중에 설치되어 있는 작업으로 실제 있었던 사건에서 영감을 받았다. 1937년 독일 비행선 힌덴부르크호는 미국을 향하다가 폭발했고 수십 명의 사상자를 냈다. 당시 그 비행선은 근대성의 상징이기도 했고, 유토피아를 가져올 것 같았지만 오히려 충격과 비극을 준 사건이었다. 작가는 또 이 작품에서 기술 진보가 유토피아로 데려다줄 것이라는 꿈을 꾸는 우리들의 모습을 비춘다. 그 꿈을 향한 열망이 파생시킨 대가와 희생이 작지 않다는 걸 상기시키고, 근대성을 향한 인류의 열망을 포기할 수 없는 것이라 하더라도 그 열망의 무거움을 잠시나마 내려놓으라"고 말했다.

참여 작가가 많아 전시물 관람에 많은 시간이 소요되었다. 분명 둘이 같이 전시를 보기 시작했는데 그가 보이지 않는다. 주마간산으로 스치고 지나간 모양이다. 울산시립미술관 소장 제1호인 백남준의 비디오 작품 '거북'은 동쪽 2층에 있었다.

전시장에 암막 커튼을 헤치고 들어갔다. 발걸음도 숨도 잠시 멈췄다. 어둠 속에서 오색찬란한 빛을 발하는 거북을 드디어 보았다. 거북이걸음으로 계단을 따라 조심조심 높은 곳으로 올라갔다. 위에서 내려다보니 거북의 등껍질은 육갑문이 아닌 사각진 모니터 각도를 틀어 육갑문으로 보이는 것 같았다. 높은 곳이라 대형 거북 모습을 전체조망 할 수 있었다.

산업의 발달로 버려진 166개의 텔레비전 모니터로 '거북'을 형상화한 길이 10m의 대형 비디오 조각 작품이다. 백남준이 이 작품으로 베니스비엔날레 작가로 참여해 황금사자상을 받았다고 한다.

'거북'은 비석 받침인 귀부로 유적지에서 자주 보던 것이기에 고전적이고 무거운 이미지로 각인되어 있었다. 하지만 백남준의 작품은 달랐다. 자연과 기술 앞에 동양 정신과 서양 문물을 결합한 비디오 아트 창시다. 육지에서 안단테로 걷는 거북이 아니라, 빛을 발하며 깜빡이는 빛의 속도만큼 순간이동 할 수 있을 것 같았다. 또 물살을 헤치며 재빠르게 헤엄쳐 다닐 것 같았고, 그 거북의 머리는 바다를 향하고 있었다. 이순신 장군의 거북선에서 힌트를 얻었다고 했다.

울산시립미술관 제2전시장은 있는 공간을 그대로 살려 해송과 바다가 어우러져 오히려 이색적이었다. 거북의 찬란한 빛과 이불 작가의 취약할 의향은 내게 그간의 피로감을 깨끗이 씻어 주는 것 같았다.

예술인이 최첨단을 연구하는 과학자이자 공학도 같았다. 생물을 사물처럼 사물을 생물처럼 상상하며 만든 예술작품을 보고 과학적 호기심이 일어났다. 그들의 작품세계는 동해의 푸른 바다처럼 깊고 넓었다. 상상의 세계가 현실과 함께 엮어져 공생하는 예술작품 감상은 미래 환경에 대한 성찰의 시간이었다. 거북은 내 마음에 꼭 드는 작품이었다.

어머니 바늘

　얼마 전 문경 사불산 대승사를 다녀왔다. 조용한 사찰에 가면 나를 돌아보고, 가족의 안부를 떠올리는 시간을 갖게 된다. 하얀 눈으로 덮인 절 마당에 서니 지붕 끝에 달린 은빛 고드름이 보였다. 순간 바느질하던 어머니 모습이 떠올랐다. 고드름 모양이 작고 가늘어 어머니가 이불을 꿰맬 때 사용하던 은빛 바늘과 닮았다는 생각이 들었다.

설 대목을 앞두고 흰 멥쌀 같은 눈이 내리던 날이었다. 집에서 콩으로 두부를 만드는 어머니 일을 돕기 싫어 나는 친구가 찾는다는 핑계를 대고 얼른 집 밖을 나갔다. 대문을 나가 걷는 순간 내 발걸음은 흰 명주에 바늘땀을 놓은 것처럼 흔적을 남겼다. 내 또래 동네 친구들과 들판을 쏘다녔다. 눈을 던지고 장난을 치며 몇 시간을 들판에서 놀다가 손이 꽁꽁 얼어서야 집으로 들어왔다.

어머니는 방에서 이불을 꿰매고 있었다. 당신의 일을 도와주지 않고 집을 나간 딸이 야속할 텐데도, 해거름에야 돌아온 내게 어떤 나무람도 하지 않았다. 오히려 온화한 눈빛으로 아무 말 없이 손을 잡아당겨 방바닥에 깔린 이불 밑으로 넣었다. 조금 있으니 내 손이 방바닥 온기에 녹아 바늘로 손끝을 찌르는 듯 아리아리한 고통이 따랐다. 말 없는 당신의 행동에 뒤늦은 후회를 했다. 바늘구멍에 실이라도 꿰어 드릴 걸 하는 생각에, 손가락이 녹으면서 느끼는 통증이 내 마음에도 전해졌다.

조상님 제사에 입을 아버지의 옷을 어머니는 한 달 전부터 미리 준비하곤 했다. 소설 '바느질하는 여자'에 나오는 표현처럼 배꽃 같은 흰색 무명 바지저고리에 풀을 먹이고 손질해 보자기에 싸서 흑갈색 반닫이에 넣어 두었다. 옷을 손질할 때 어머니는 내심 집안 살림살이를 딸에게 가르칠 요량으로 내게 바늘귀에 실을 꿰어 달라고 했다. 그리고 내 곁에서 저고리 깃에 동전을 달았다.

　어머니는 설 대목이 가까워지면 하는 일 중 또 하나는 두꺼운 이불 홑청을 뜯어 씻어 다시 꿰매는 것이었다. 가마솥에 장작불을 지펴 무명 홑청을 삶아 빨았다. 그것은 길고 넓어서 빨랫줄에 바지랑대를 받치고 널었다. 한겨울 오전 따뜻한 날씨였다가 오후 갑자기 추워지면 줄에 널린 빨래는 고드름이 달려 뻣뻣하게 얼어붙기도 했다. 어떤 날엔 휘몰아치는 겨울바람으로 먼지가 홑청에 달라붙어 다시 따뜻한 물에 녹여 널어 말리기도 하였다.

　말린 무명 이불 홑청은 숯을 넣은 무쇠 다리미로 다림질을 하기도 했다. 손질된 직사각형의 홑청은 따뜻한 방바닥에 펼쳐놓고 두꺼운 겨울 솜이불을 얹고 가장자리로 이불을 감싸고 반듯하니 접어 넣었다. 구멍이 큰 바늘귀에 무명실을 꿰어 당신과 마주 앉아 시침질하며 때로는 손을 이불 아래로 움직이다가 서툰 바느질을 하기도 했다. 골무를 끼지 않은 손가락이 실수로 바늘에 찔려 피가 나는가 하면, 빳빳하게 풀을 먹은 무명천에 바늘이 잘 들어가지 않아 뚝 부러질 때도 있었다. 집안일을 도울 사람은 나밖에 없었기에 은빛 바늘을 부러뜨리곤 했다.

  부러진 바늘은 '규중칠우쟁론기'와 '조침문' 고전을 생각하게 했다. 조침문은 오랫동안 사용하다 부러진 바늘을 의인화한 제문祭文형식 고전 수필이다. 긴 세월 사용한 바늘의 요긴함과 바늘의 재주와 찬양, 바늘이 부러지던 날의 슬픔을 노래한 수필이다. 사실은 조심성 깊고 알뜰한 여심을 말해주고 동고동락한 바늘에 대한 추억을 말한 것으로 재밌게 읽었던 글이다.

  우리집의 반짇고리는 대나무를 얇게 엮어 만든 것으로 어머니의 혼수품이었다. 당신은 그것을 '바늘 당새기'라고 불렀다. 그 속에 담기는 것 중 바늘을 대표적인 품목으로 생각했던 것일까? 바늘 이외 헝겊 조각, 골무, 줄자 등 사이좋은 규중칠우 뿐만 아니라 어머니의 검소함이 담겨있었다.

  어머니는 언제부턴가 양말을 깁거나 옷에 단추가 떨어지

면 그 대나무 바늘 당새기를 들고 와 실을 꿰어 달라고 했다. 요즘 나도 은빛 바늘에 돋보기 없이는 실을 꿰지 못한다. 그러고 보니 어머니의 그때가 지금의 내 나이쯤이었던 것 같다. 요즘 풀 먹인 이불 홑청이 그립다. 빳빳한 이불을 덮고 좋은 꿈을 꾸고 싶다.

봄 편지 꽃편지

 '봄 편지' 노래비가 있는 학성공원에 다녀왔다. 벚꽃은 지고 붉은 동백꽃이 바닥에 뚝뚝 떨어지는 날이었다. 공원 중턱에 '봄소풍 학성동민 축제' 현수막이 펼쳐져 있었다. 축제장에는 마치 몇 마리 학이 하늘에서 막 내려온 듯 울산학춤보존회 팀이 하얀 두루마기에 갓을 쓰고 날개를 너울거리듯 춤을 추고 있었다.

학춤을 잠시 보고 공원 산책을 했다. 사람들이 밟고 지나간 흔적으로 짓이겨진 꽃물 자국이 여기저기 보였다. 붉은 동백꽃이 길바닥에 떨어져 있으니 꽃을 밟지 않을 수 없었다. 꽃물 자국은 이곳 도산성에서 나라를 잃지 않으려고 용맹하게 싸웠던 울산 의병의 핏자국이 연상 되었다. 성벽 따라 사선으로 돌아오르니, 다양한 종류의 동백꽃이 피어있다.

학성공원 중턱에는 울산의 근대사 인물 두 분의 약력이 담긴 비석이 있다. 봄 편지 주인공 서덕출 선생 노래비와 고헌 박상진 의사 추모비다. 반가움에 발걸음을 멈추었다. 봄 편지 노래비 조형물을 몇 번이나 봐 왔지만, 제비 모양이라는 것을 그제야 알게 되었다.

서덕출 선생의 노래비는 강남 갔던 제비가 편지를 물고 돌아온다는 동시로, 당시 일제 강점기에 있던 우리나라 사람들에게 용기와 희망을 주었다고 한다. '봄 편지' 동요를 흥얼거리다가 보니 불현듯 학창 시절 편지 때문에 모범생 친구를 민망하게 했던 일이 생각났다.

중학교 때 일이었다. 우리 집은 동네의 다른 집보다 조금 크고 넓었다. 어느 날 학교에서 돌아왔는데 나무 대문 사이에 낀 편지 봉투를 발견하고 어리둥절했다. 무심코 봉투를 빼 들었다. 문짝 사이에 있던 하얀 편지 봉투에 주소와 이름이 한자로 또박또박 적혀있었다. 보낸 사람 이름을 본 순간 심장이 쿵쾅거렸다. 봉투 앞뒤를 살피니 우표가 붙어 있지 않았다. 이런 편지를 처음 받아본 나로서는 친구들에게 자랑삼아 알려주고 싶었다.

편지를 들고, 친구들에게 달려갔다. 여자 친구 셋이 모여 누가 봉투에 한자로 주소를 이렇게 쓸 수 있을까? 이리저리 퍼즐을 맞춰보다가 우리의 우상 D가 한 일이라고 결론지어 버렸다. 친구 셋이 내린 결론은 그만한 이유가 있었다. 내 친구 몇 명은 D와 친척이었다. 그는 초등학교와 중학교 때 모범생이었고, 붓글씨도 잘 쓰고 한자도 잘 읽고 썼다.

왜 자기 이름 대신 옆 동네 친구 이름을 써서 편지 봉투를 대문에 꽂았을까, 옆 마을 남학생이 부탁해서 한 일일까, 날 놀려주려고 D가 만들어 낸 장난일까, 친구가 편지 대필을 한 것이었을까, 여러 가지를 상상하며 설렘과 함께 의문이 일었다.

봉투에 적힌 그 남학생 집의 논과 우리 논이 이웃해 있었다. 농촌의 농번기는 아이 어른 모두 농사일을 도와야 했다. 가끔 들녘에서 서로 보기도 했다. 그럴 때마다 부모님끼리는 인사를 나누는 사이였다. 관당 들녘을 지나는 등하굣길에서 그 남학생과는 스치고 지나가도 서로 부끄러워 말도 걸지 않았다.

그 남학생과 같은 반 동네 친구 D는 타지의 고등학교를 졸업했다. 곧바로 대학을 입학한 것도 아니었다. 뒤늦게 대학을 졸업하고 은행에 취업했다는 걸 알았다. '늦게 시작해도 역시나 좋은 직장에 취업했으니 다행이다.'라고 생각했다. 초·중·고등학교 동기들 대부분이 결혼해 아이를 한둘 낳아 기를 때 그가 늦장가 간다는 소식을 들었다.

그날 나와 많은 친구가 D의 결혼식에 참석했다. 이미 결혼한 여자 친구들은 아이를 한둘씩 낳아 나이티가 났다. 결혼식 주인공의 아내는 예쁘고 귀염받을 상으로 보였다. 학창 시절 공부 잘하고 착한 모범생 친구 결혼식에 참석해 아낌없는 축하 박수를 보냈다.

그가 탄탄한 직장에 능력 있고 예쁜 아내까지 있으니, 잘 살고 있을 거라 믿었다. 하지만, 어느 해 바람결에 그 친구가 큰 병으로 고생한다는 소식을 들었다. 내 앞에 크고 작은 숙제들이 많아서, 지금까지 그 어떤 위로와 도움도 주지 못했다. D 친구는 중학교 졸업식 날 동네 친구와 나에게 색종이가 휘감겨진 동백꽃 화환을 걸어주었다. 동백꽃을 보니 문득 그 친구 생각이 났다.

역사적 장소인 학성공원 정상 한쪽에 동백나무숲이 있다. 붉은 동백꽃 사이로 수줍은 듯 연분홍 동백꽃이 피었다. 지난날 아픈 역사가 있었던 곳. 붉은 동백꽃 물에서 울산 의병의 역사가 떠오르고 연분홍 동백 꽃잎에선 어린 시절 소년의 연서가 떠오른다. 꽃마다 꽃말이 있듯이 사람들의 마음속에는 그 꽃으로 인해서 기억되는 사연이 있다. 붉은 꽃이 열정적인 사랑으로 기억되는 사람도 있겠지만 슬픈 사연으로 기억되는 사람도 있을 것 같다.

먼 강남으로 갔다가 대한 봄이 그리워 돌아온 제비의 가슴은 어떤 색으로 물들었을까, 연초록의 희망 색이었을까…….

반구천 모은정에서

　울주군 반구천에 모은정이 있다. 겹처마를 한 팔작지붕이며 네 칸의 일자형 배치이다. 정자가 반구서원 뒤편에 가려져 있어 관광객이 찾아 들기 쉽지 않아서 안타깝다.
　모은정을 돌아본다. 일봉에서 칠봉까지 호를 가진 일곱 형제가 아버지 별세 후 그 뜻을 이어받고자 1920년에 모은정을 세운다. 정자를 세우는 상량식에 쓴 글을 읽어 보니 선비들의 배움의 폭이 존경스럽다. 동서남북 네 방위와 위, 아래를 노래한 육위송六偉頌이 모은정 안에 걸려있다. 또 장육당藏六堂이라는 현판에는 거북이 몸통 속에 머리와 꼬리 및 사지를 감추듯, 정자의 주인공이 벼슬에 나갈 수 있는 인물이지만 선생이 청빈한 삶을 택해 반구천에서 은거했다는 뜻이 담겨있다.

모은정의 주인공 구린 이용필은 포은 정몽주를 사모하며 평생 반구천에 살았다. 자신의 호를 거북과 이웃한다는 뜻의 '구린'으로 지었다. 그는 포은대를 바라보며 포은의 유덕을 공부하며 근처 아이들의 글을 가르치며 선비로 살았던 것 같다.

저 담 넘어 포은대이다. 모은정 주인공 구린이 그토록 사모했던 포은 선생이 언양에 유배와 반구천을 드나들었던 곳이다. 포은은 1377년 청나라를 배척하고 명나라와 친교를 맺는다는 배명친원정책에 반대하다가 언양 어음리에 유배해 왔다. 울산에서 아홉 달을 지내며 반구대에 '중량 절 감회'라는 시를 남겼다. 이곳에서 외롭게 중량절을 맞이한 소감을 시 한 수로 남기고 떠났다. 지금 포은대에 선생을 기리는 비각과 영모각이 있다. 직선의 벼랑바위에는 '학'이 새겨져 있고 다양한 시대 글과 그림이 있다. 굵은 선각으로 새긴 학이 두 마리나 있다. 그중 한 마리는 한 발로 고고하게 서 있다. 학의 모습과 생태가 선비를 상징하듯 그 시대 사람들은 반구천을 신성한 공간으로 여겼던 것 같다.

포은의 이야기와 반구천의 풍경을 노래한 시가 『역주집청정시집』으로 전한다. 또 반구십영盤龜十詠을 보면서 선비들이 괴나리봇짐을 메고 반구천에 와서 근처 장천사와 집청정에 하루를 유숙했다고 한다. 신라 원효 스님이 머물렀던 반고사지, 학자들이 비정을 한 곳은 포은대 옆이라고 한다. 포은 이야기와 그 시대 건물들은 어떤 모습이었을까 내 나름 상상한 조감도를 그려본다. 모은정 목련 나무 아래에서 발걸음을 멈춘다.

백운산과 가지산에서 흘러온 반구천은 대곡댐이 있는 곳부터 사연댐이 있는 곳까지이다. 천전리각석 앞 노천에는 수천 년 전 티라노사우르스가 걸었던 흔적이 발자국으로 남아 있다. 아이들이 공룡 시대를 실감할 수 있는 곳이다. 또 반구천에는 아홉 개의 굽은 계곡이 있다. 그 계곡 벼랑에 차례로 일곡一曲부터, 구곡九曲까지 글을 새겨놓았다. 굽이치는 계곡에 풍경을 묘사해 선비들은 성리학적 의미를 부여해 시를 지어 남겼다.

한때 문화유산을 사랑하는 사람 아홉 명이 모임을 결성했다. 아홉 명의 회원은 조선시대 '구곡문화'를 찾고 공부도 하자며 이름을 '구곡회'라고 정했다. 우리는 대곡댐이 만들기 전에 장화를 신고 반구천 일대를 들어가 금석문을 찾으며 반구천에 흩어진 쓰레기를 마대자루에 담아내기도 했다. 댐이 만들어지기 직전에 붓꽃도 물속에 수장된다는 생각에 보라색 붓꽃 한 포기를 기왓장에 담아 머리에 이고 나왔던 기억이 생생하다. 벌써 20년이나 지난 일이다.

모은정 마당에서 계곡 위를 바라다보면 우뚝 솟은 산봉우리 비래봉은 유럽의 성당첨탑보다 더 아름답다. 이 바위는 겸재 정선의 산수화로 남아 있다. 조선 시대 울산의 유일한 산수화라고 한다.

반구천에는 한국의 시원을 알리는 선사 문화인 반구천암각화가 화인처럼 바위에 새겨져 있다. 귀신고래 형상으로 만든 암각화박물관이 있고 그 속에 선사시대를 짐작할 수 있는 유물들이 전시되어 있다. 반구천에 오면 잠깐이라도 세상사 시름을 잊고 편안한 마음을 가질 수 있는 공간이라 나는 울산을 찾아오는 사람들을 이곳으로 안내하기도 한다. 특히 대곡에서 반구천까지 이어지는 비경의 원시로는 신라 사량부 옛길이다. 지금도 자연 속에 난 길이라 한국의 아름다운 길 100선에 선정되었다.

 반구천의 암각화에 선사시대 생활사인 바다 동물과 육지 동물 그림이 있고, 조선 시대 구곡 문화와 정자 문화가 살아 있다. 또 반고사지와 장천사지 반구천은 유불도 종교를 통합하는 공간이라는 생각이 든다.

 모은정은 구린의 큰아들 일봉이 포은 정몽주를 사모하던 아버지의 유훈을 받들어 지은 정자이다. 아들 일곱이 아버지를 위하여 지은 효심의 공간이다. 잠깐이라도 내 부모님과 형제들 우애를 들여다보며 마음이 숙연해지기도 했다.

 그는 반구천에 존재하는 문화유산을 허투루 보지 않고 아끼고 사랑하며 심지어 풀꽃 하나까지도 조사해 기록으로 남겨 놓았다. 그리고 반구천 일대를 찾는 이에게 몇 년간 안내를 잘해 주었다. 그 사람은 봄에 피는 목련처럼 성품이 맑아

나는 이 시대 마지막 선비라고 말하곤 했다.
  모은정 건립의 사연을 알려준 그 사람이 반구천 유네스코 등재와 함께 선비 옷을 입고 도포 자락을 휘날리며 이 목련 나무 그늘로 돌아올 것 같은 예감이 든다. 마치 구린이 포은 선생을 사모해 반구천에 평생을 살았듯이…….

슬립 콘서트

서원의 순간 변신으로 닫혔던 빗장을 열었다. 온 세상이 코로나19로 세계가 여행객의 발길을 차단하고 있는 이때야말로 서원이 문을 열 때라는 생각이 든다. 흐트러지지 않으면서도 편안한 위로를 받을 수 있는 공간으로 변신하는 것이다.

병산서원 입교당이 무대가 되고 객석은 서원 마당과 만대루가 된다. 곧이어 펼쳐질 슬립 콘서트로 조윤성의 재즈 피아노 연주회가 열린다. 음악 감독이자 재즈 피아노 연주가인 그는 뉴잉글랜드 콘서바토리에서 재즈학을 전공하였다. 미국 전통 재즈로 자유로운 자기 스타일을 만들어 세계 재즈계 거목들의 사랑을 받은 연주가이다. 재즈 음악은 즉흥적 감흥을 악기를 통해서 내는 소리라고 한다. 예전 같으면 서원에서 재즈 음악을 듣는다는 건 상상할 수 없는 일이다.

입교당 아래 마당에는 음악회 준비로 사람들이 정중동으로 움직이고 있다. 일정 거리를 두고 캠핑용 의자를 놓는다. 침대형의 의자는 등을 대고 뒤로 반쯤 누워 음악을 들을 수 있다. 몇 시간 전의 입교당 분위기와는 사뭇 다르다. 차츰 서원 건너 병풍을 펼친 듯한 화산에 어둠이 내려앉고 있다. 잠자며 듣는 음악회라니 은근히 잠을 몰고 올 어둠을 기다린다. 초저녁부터 낙동강 병산서원을 찾아 복례문을 들어서는 사람들을 보니 공연 시간이 다가온 듯하다.

드디어 저녁 8시 연주가 시작되었다. 나도 병산서원의 만대루에 올랐다. 만대루는 선비들의 복합문화공간으로 활용된 곳이다. 일곱 칸의 누각은 아주 넓고 길다. 칸을 나누는 둥근 기둥에 등을 붙이고 앉았다. 어둠이 주위를 두르고 바람만 살랑살랑 스친다. 피아노 소리 외엔 아무런 소리도 들리지 않는다. 옆에 있던 지인은 어느새 넓은 누마루에 누웠다. 이 행사를 위해 나눠 준 꽃무늬가 있는 작은 담요를 펼쳤다.

 슬립 콘서트이니 만대루에 눕는다. 눈을 감고 잠이 들어야 하건만 이 순간이 행복하다는 생각으로 잠을 못 이룬다. 옆에 있던 지인은 벌써 코를 골고 있다. 이만하면 이 음악회는 성공한 것이다. 나의 시선은 처마 아래 만대루 현판을 보며 웅혼한 필체에 빨려든다. 만대루가 주는 고전의 문자 향과 현대 재즈 피아노 연주를 듣고 있으니 카르페 디엠이 생각난다. 이 순간 즐기라고 하지만 내 머릿속은 유년에 들었던 할머니의 자장가가 떠오른다.

 자그만 체구의 할머니는 나를 등에 업고 자장가를 들려주었다. 고향 마을 돌담이 있던 골목길 감나무 그늘에서 들려주시던 자장가가 떠오른다. 할머니는 큰아버지 댁에 살면서 작은아들 딸인 나를 가끔 돌봐 주셨다. 몇 살 때인지 모르지만 어렴풋이 할머니의 고운 얼굴과 자장가를 불러주던 그 목소리가 지금 생각해도 행복한 기억으로 남았다.

어릴 적 들었던 할머니의 기억 속 자장가를 생각하면서 딸 집에 가면 자장가를 부르곤 한다. 5개월이 지난 손주를 돌봐주면서 묵혀 두었던 자장가를 다시 부른다. 내 아이를 키울 때는 〈섬 집 아기〉나 '자장자장 우리 아기'를 흥얼거리면 잠을 잤던 것 같다. 지금은 손주를 위해 자장가를 부른다. 또 딸이 준비한 브람스, 모차르트, 비발디의 자장가를 틀어주고 시냇물 흐르는 소리 등을 모은 백색소음도 들려준다. 아이나 어른이나 우선 마음이 편하면 잠도 잘 잔다. 이런저런 기억들이 피아노의 선율을 타고 되살아난다.

잠 못 이루는 사람을 위한 힐링 음악회, 잠결에 듣는 음악 연주회를 슬립 콘서트 sleep concer라 한다. 아이를 잠재우며 엄마가 부르는 자장가도 관객이 한 명인 음악회라 할 수 있겠다.

서원은 나라의 충신 효자였던 인물을 배향하고 인격 수양의 공간이다. 하지만 다양한 문화를 수용하고 변신을 꾀하는 순간 신세대 가족이 찾아온다. 또 온고지신 공간으로 거듭난다. 자연의 소리, 음악의 향기, 고전의 향기도 품을 수 있는 서원의 무한 변신이 고맙다. 서원이 인간이 지칠 때 쉽게 다가와 기댈 수 있는 곳으로 변신은 무죄를 넘어 새로움이다.

눈길 위의 덕

눈길을 조심스레 걸어 오른다. 산문에 큰 사찰임을 의미하는 덕숭총림수덕사 현판이 걸렸다. 길섶 오른편 둔덕 소나무 숲 부도밭에 팔각형과 석종형 다양한 부도가 줄지어 섰다. 특이한 비석을 얹은 귀부인 돌거북을 본다. 내 발걸음 소리가 엄숙함이 머무는 부도밭의 정적을 깨트린다.

동그라미가 그려진 현대적 탑비를 보니 원담스님 비석이

다. 뒤편에 스님이 돌아가실 때 쓴 임종계臨終戒를 읽어 본다. '올 때 물건도 없이 왔고, 갈 때 한 물건도 없이 가는 것이로다. 가고 오는 것이 본래 일이 없어 청산과 풀은 푸름이로다.' 사람이 태어나 갈 때 올 때 가져가는 것이 없다는 문구다.

맑은 공기 덕에 들숨 날숨을 크게 쉬며 걸어 부처님의 진리는 하나라는 일주문 앞에 선다. '덕숭산 수덕사' 현판이 걸려있다. 덕숭산德崇山 수덕사는 덕을 숭상한다는 뜻을 담고 있다. 수덕사修德寺는 수는 닦을 수修 덕德은 불교에서 말하는 공덕을 말하는 것이다. 그러니 수행하여 선함을 행하고 불법의 덕을 닦는 도량이다. 일주문을 지나며 일행이 "이 절은 평소에 덕을 많이 쌓은 사람이 올 수 있는 곳입니다."라고 한다. 덕을 쌓은 사람이라는 말이 가슴을 꼭 찔렀다. 위트로 잘 풀어준 그 말에 여운이 감돈다.

산지형 산사는 높은 지형을 따라 올라갈수록 신성한 수미산의 도솔천에 이르게 된다. 자연과의 조화를 이룬 사찰 경내를 걸어 오르니 오른쪽 계단 옆 청년당 건물에 세계일화世界一花란 만공스님이 남긴 화엄경 한 구절의 편액이 걸려있다. 불교 방송에서 만공스님의 이야기를 많이 들어서 낯설지 않다. 독립운동을 하셨던 스님은 조국의 해방 소식을 듣고, 무궁화 꽃물로 글씨를 쓰고 세계는 하나의 꽃이라고 말하며, 화평한 세상이 되길 염원했다.

국보인 대웅전의 법당 안을 둘러본다. 중앙에는 목조 삼존불을 모셨다. 불단에 공양물을 올리고 각자의 염원을 품고 깊숙이 절을 올리는 불자도 있다. 나도 부처님께 삼배를 올리고 여유롭게 법당의 천장을 올려다본다. 천장이 높고 절제된 단아함이 돋보인다. 부처가 계신 작은 법당이 넓은 우주 공간처럼 느껴진다. 지붕을 받치고 있는 대들보와 서까래로 펼쳐진 목재들이, 부처님 고행상 중 몸체의 드러난 갈비뼈를 보는 것 같다.

충청남도 예산군 덕숭산 기슭에 자리한 이 범찰凡察은 조선 말기에 경허스님이 머물면서 선풍禪風을 크게 일으켰다. 고려 시대 건축으로 널리 사랑받고 있는 수덕사는 근대에 경허스님의 제자 만공스님이 중창한 후 많은 선지식을 배출한 사찰이다. 현재는 우리나라 총림의 하나인 덕숭총림德崇叢林 수덕사이다. 조계종 제7 교구 본사로 충남 지역에 47개의 사찰과 관외 지역에 21개의 말사를 거느리고 있다.

 법당을 나와 외벽의 배흘림기둥을 살펴본다. 측면의 외벽 목조가 연결된 기하학적 구조가 건축미의 극치를 보여 준다. 벽면은 궁궐건축과 같이 빗물 균열을 방지하는 데 사용하는 양상도회梁上塗灰기법을 응용한 것 같다. 불교를 국교로 삼았던 고려 시대 왕실과 귀족들도 불교를 신봉한 덕에 국격을 상징하는 노란색의 외벽을 사용한 것일까? 자연환경과 조화를 이루어 안정감을 주는 측면 외벽은 어느 가문의 족보 속 가계도를 보는 듯하다. 법당의 내부도 그렇지만 지붕의 벽면 목재 연결 구조가 밖으로 적나라하게 드러나니 은근히 정감이 가는 건축물이다. 얼굴도 정면보다 옆모습이 더 매력적인 사람이 있듯이 대웅전의 옆 모습이 은근히 눈길을 끈다.

 경내를 둘러본다. 들어올 때 들은 '덕을 쌓은 자'라는 말이 머릿속을 맴돌며 언뜻 떠오르는 사람이 있다. 불교 신자이면서 늘 사서삼경과 불경을 공부하며 사는 분이다. 그 보살과의 인연은 대학의 교수님들이 무료로 가르침의 덕을 베푸는 현장에서였다. 두 단체에서 10년 세월을 함께했다. 저녁 스터디에 퇴근 후 오는 이를 위해 늘 간식을 챙겨 오곤 했다. 그분은 상대에게 상처 되지 않은 언어 구사로 좋은 분위기를 만들었고, 남몰래 조용히 덕을 베푸는 모습을 옆에서 지켜보곤 했다.

결혼한 자녀의 아이들까지 틈틈이 돌보며 여든 나이에도 스터디 모임에 참여한다. 재가 불자라는 말이 있듯이 오랜 세월 수양하며 쌓은 지식을 절대 남 앞에서 경망스레 드러내지 않고, 언행으로 가르침을 준다. 젊은이들의 마음공부에 힘을 보태며 말없이 덕을 쌓아간다.

'덕'이라는 단어의 깊이와 넓이를 헤아려 본다. 덕은 사려 깊고 인간적인 품성으로, 마음의 올바름과 수행에서 얻어지는 것이며 행함으로써 공功이 되는 것이리라. 시골에서 자라 넉넉지 않은 집안의 남자와 결혼해 살면서 오로지 가난의 굴레를 벗고자 절약하며 살았다. 그러니 남에게는 물론이고 친인척에게 많이 베풀지 못한 듯하다. 남들이 여유롭게 보시 공덕을 실천하며 살아가는 모습을 볼 때마다 난 언제쯤 여유로운 마음으로 덕을 쌓을 수 있을까 생각하곤 했다. 그러나 덕이란 것은 물질의 베풂에만 있지 않고, 마음의 너그러움과 선함에 있다는 것을 너무 늦게 깨달은 것 같다.

햇볕이 내리쬐는 한낮인데도 대웅전 마당에는 눈이 남아 있다. 아직도 하얀 눈이 녹지 않아 지나간 발자국이 이리저리 어지럽다. 절 마당의 잔설을 보니 '답설踏雪, 눈을 밟으며'이 떠오른다. '눈 덮인 길을 걸어갈 때 함부로 어지럽게 걷지 말라. 오늘 내가 밟고 가는 이 발자국은 뒷사람의 이정표가 될 것이니'라는 서산대사의 선 시다. 그 깊은 뜻을 다시 새겨본다.

고색 찬연한 일주문을 나서며 다시 한번 돌아본다. 늘 그렇듯이 사찰에 오면 마음이 너그러워지며 가족의 안녕을 기원하며 합장하게 된다. 다들 고마운 분들이고 고마운 가족이다. 그들이 있으므로 내가 있는 것이리라. 남을 이해하고 사랑하는 마음이 바로 불심의 너그러움이고 자비일 것이다. 산천을 울리고 마음을 울리는 은은한 종소리처럼, 진정한 덕이 내 마음의 골짜기를 채우고 밖으로 넘쳐나가기를 빌어본다.

월연대 월주경

    밀양의 활성교를 지났다. 월연대月淵臺 근처 밀양강변길을 울산문인협회 회원들과 걸었다. 도로에 지나는 차는 보이지 않고 용평 터널이 보였다. 이곳은 경부선 철길이었지만, 1940년 이설되었고 그 이후 도로가 되었다. 터널 입구 못미처 월연대 안내판이 세워져 있고 밀양강 쪽으로 좁은 옛길이 이어졌다. 그 곁에 밀양강과 단장천이 만나는 지점에 월연대가 있다.

　월연대는 일제 강점기에 추화산 아래로 터널이 뚫리고, 기차가 지축을 울려도 굳건히 건재했던 곳이다. 좁은 오솔길을 지나 석축 벽을 따라 걸어서 솟을대문과 마주했다. 객을 기다린 듯 활짝 열린 대문으로 들어선다. 이곳은 조선 중기 한림학사翰林學士를 지낸 월연月淵 이태李迨가 은거했던 곳이다.

　그는 한양의 명문가 집안에서 태어나 외가인 밀양에서 자랐다. 중종 때 문과에 급제했고, 기묘사화가 일어나자 벼슬을 버리고 이곳에 돌아왔다. 세상은 그를 몸과 명예, 어느 것 하나 다치지 않고 흠결이 없는 사람으로 살았다는 뜻에서 기묘완인己卯完人이라고 했다.

　월연대 일대 명승지는 세 공간으로 쌍경당, 제헌, 월연대가 있다. 원래 이 터는 월영사月影寺란 절이 있던 곳으로 벼랑 아래를 월영연月影淵이라 불렀다. 1520년 이태는 옛 절터에 쌍경당과 월연대를 짓고 스스로 '월연주인'이라 칭했다.

　임진왜란 때 월연대와 쌍경당이 불탔고, 이태의 6세손 월암 이지복의 뜻에 따라, 전라 우수사를 지낸 7세손 이홍이

1757년 쌍경당을 다시 지었다. 이 건물은 정면 5칸 측면 2칸 팔작지붕 이익공계 동향집이다. 팔작지붕의 박공에 기와 편으로 국화꽃 장식을 넣었다. 오솔길에서 가장 먼저 만나는 곳으로 쌍경당을 '강물에 달이 함께 밝게 비춰 마치 거울과 같다.'라는 뜻이다.

파남巴南 김제윤金濟潤이 월연대를 찾아 '월연대 12경'을 읊어 이곳 '쌍경당雙鏡堂'에 시문을 걸어 놓았다. 제목이 징담제월澄潭霽月로, '맑은 호수에 개인 달. 물과 달 하도 맑아 온 누리가 거울이라/ 여울진 흐름 위에 금빛 물결 일렁이면/ 한 조각의 얼음과 같이 온몸 차게 해주네.'란 서정과 서경이 어우러진 시다. 그가 쓴 월연대 1경은 마음을 거울처럼 닦는다는 의미와 보름달이 떴을 때의 강물에 달이 떠 물기둥이 생기는 풍경을 보고 노래한 것이다.

쌍경당 석축 옆으로 안채와 통하는 솟을대문이 이어진다. 안채는 현재 후손들이 살고 있고 대문은 잠겨있다. 그 곁으로 협문이 있고 다시 이어지는 높은 석축 너머 제헌霽軒의 지붕이 보인다. 맑은 기운을 바라는 뜻이 담긴 제헌은 추모공간으로 이태의 맏아들로 진사를 지낸 이원량李元亮을 추모해 후손이 신축한 건물이다.

오솔길은 제헌의 석축 끝에서 직각으로 꺾인다. 그 앞에는 영월간迎月澗이라 부르는 계곡이 있다. 달을 맞이하는 실개천이라며 계곡에 돌다리가 놓였다. 월연대로 가는 계곡에 놓인 작은 돌다리는 '쌍청교雙淸橋'라 불렀다. 달과 물이 맑다는 뜻을 지닌 다리를 지나 가파른 벼랑 위에 월연대 정자가 있다.

계곡 근처에는 반석 탁족암濯足巖이 있었다고 한다. 탁족암은 '물이 맑으면 갓끈을 씻고 탁하면 발을 씻는다'라는 구절에서 유래했다. '인간의 행복과 불행은 인격 수양과 처신에 달려 있다'라는 의미다. 또 이태의 친구가 이곳에 찾아와 한림이공대翰林李公臺 라는 글을 바위에 새겨주었다고 한다.

반석을 딛고 올라 월연대 정자에 오른다. 정사각형에 가까운 평면 건물이다. 정자 한가운데 방이 있고 사방으로 마루가 깔렸다. 흙돌담이 정자를 가까이서 에워싸고 있다. 마루에 오르면 담장 너머로 밀양강이 내다보인다. 이곳에 머물 때 보름달이 뜨면 달빛이 강물에 비춰 기둥을 이룬다 해서 월주경月柱景이라 했다. 옛사람들은 강물에 월주가 서는 보름마다 그 모습을 즐겼던 것 같다. 당시에는 월연대에서 시회詩會를 열었고 그 시를 모은 시문집이 있다고 한다.

    청마루에 앉아 밀양강을 바라본다. 초록의 나무와 흐르는 강물은 마음에 낀 먼지를 씻어 주는 듯하다. 곧이어 월연대 석축 아랫길로 내려섰다. 배롱나무는 아직 꽃을 피우지 않았다. 안내하던 후손은 목백일홍꽃이 아름다운데 아직 피지 않아 아름다운 풍경 하나를 못 보여줘서 안타까워했다. 고개를 숙이니 바닥에 앙증맞은 감꽃이 나를 보고 방긋 웃는다. 감나무 아래서 감꽃을 짚에 꿰어 감꽃 목걸이를 만들었던 유년의 기억이 떠오른다. 감꽃 몇 송이를 주워 은은한 향을 맡고 손바닥 위에 올렸다. 그 순간 곁에 있던 서 시인이 내 손바닥 위의 감꽃을 사진에 담았다. 분명 그녀도 감꽃을 좋아했던 것 같다.

    월영대 석축 아래 흰 소나무가 자란다는 벼랑길을 내려간다. 적벽 위에 백송이 자라고 있다. 백송은 나무껍질이 넓은 조각으로 벗겨져 회백색이다. 초록 들풀 가득한 평지와 산비탈 벼랑에 자라는 백송의 끈질긴 생명력에 감탄이 절로 난다. 백송은 280년 동안 그곳에서 자라고 있다. 노을이 질

무렵인데도 저 멀리 밀양교 위로 흰 구름이 보인다. 내려갔던 벼랑길을 다시 올라와서, 달과 물이 맑은 뜻을 지닌 쌍청교를 건너 강물에 비친 달을 상상하며 월연대를 나온다.

 조선 중기 한림학사 이 태, 자신이 행동하는 처신에 흔결이 없는 삶을 살기 위해 벼슬을 버리고 월연대로 돌아와 살았던 그의 인격과 덕행이 새삼 우러러 보인다. 물이 맑으면 갓끈을 씻고 물이 탁하면 발을 씻는다는 말에서 삶의 여유와 자신을 돌아보는 마음가짐을 새겨본다. 인간의 행불행은 인격 수양과 처신에 달렸다는 말은 시대를 넘어 많은 사람에게 삶의 지표가 되는 말이다. 시원하게 뻗은 영남알프스를 넘는 길도 환상적이다. 재약산과 천왕산, 가지산으로 이어지는 아름다운 준령을 넘을 때까지도 밀양강 맑은 물에 달빛이 기둥을 이룬 '월주경'의 은은한 그 잔영이 나를 따라왔다.

울산에서 동검銅劍을 찾다

　조사 연구과에서 보존실로 부서 이동 후 처음으로 목관묘의 유물을 수습하러 출장을 나왔다. 어제 내린 비로 인해 발굴 현장의 사질 점토 위로 유구의 선이 민달팽이가 은빛 선을 그려 놓은 것처럼 투명하게 다가온다. 이미 조사가 끝난 곳이라 유구의 흔적들을 하얀 수성 페인트로 주거지와 구덩이를 선으로 표시해 둔 것이다. 이것들을 비닐로 덮지 않아서 물웅덩이로 물거울이 되어, 갈색 선글라스에 챙이 긴 모자를 쓴 내 얼굴을 비춰준다.

문화재에 관심이 많다 보니 발굴에 참여하면서 흔하지 않은 체험의 감동을 언젠가는 시나 수필로 풀어내고 싶었다. 오랜 세월 한 분야에서 혼을 다하면 섬광처럼 떠오르는 창작의 영감이 선물로 주어진다는 말을 믿고 있다.

비가 쏟아지면 빗물과 진흙이 섞여 흙탕물이 되지만 시간이 지나면 물과 흙은 분리되어 부드럽게 가라앉는다. 그것은 곧 물거울이 된다. 나 또한 비처럼 쏟아지는 배움의 열정을 허비한 세월이 앙금이 되어 얼굴에 잔주름으로 나타나 있다. 하지만 청동거울이 아주 투명하지는 못하듯 물거울은 내 모습을 실루엣으로 비춘다.

이곳은 선사시대와 역사시대 삶의 흔적들이 남아 있는 울산 KTX역 부근이다. 해발고도가 약간 높은 곳이라 밖에서 바라보면 신기하게도 마치 고구려의 오녀산성과 지형이 비슷하다.

고고학을 전공한 연구원들은 현장을 발굴하고 보고서를 쓸 때는 사무실에 있기도 하지만, 사계절을 산과 들에서 일

해야 하는 어려움이 있다. 이런 발굴 현장의 수고로움을 달래기 위해 가끔 저녁 술자리에서 서로의 얼굴을 보면서 "10 YR에서 2.5 YR에 되었다."라며 농담을 하기도 한다. 얼굴이 빨개지는 정도에 따라 우리만의 은어를 쓴다. 이것은 토층을 보고 토색첩에 써진 '색상분류표'로 흙의 색깔을 나타내는 표식이다.

  이 현장의 많은 유구 중 내가 일할 곳은 목관묘가 있는 자리 지하층이다. 토층의 토색첩을 보니 5 YR로 밝은 적갈색이다. 조선 시대 유림이 시묘살이할 때 움막과 비슷한 지붕을 씌워 놓았다. 지표에서 약 3m 깊이에 유물과 흙이 뒤엉겨 쌓여 있다. 알루미늄 사다리를 타고 지하로 내려간다.

  보존실 팀장은 현장에 와서 이 목관묘 중간층에서 이른 삼한 시대 삼각 점토대토기와 와질 두형토기가 출토되었다고 했다. 그리고 꽂힌 칼집을 보고 세형동검과 동경이 나올 가능성이 있다고 말하며 '세형동검'을 찾아보라고 한다. 장마철에 습기로 인해 퀴퀴한 냄새가 날법도 한데 아무런 냄새도 없다. 나는 '그래 울산에서는 아직 출토된 적이 없는 세형동검을 찾아보자.'라며 주문을 외웠다.

늘 하던 일처럼 무덤 속에서 두 다리를 쪼그리고 허리를 굽혀 앉았다. 손에 장갑을 끼고 대나무 칼과 붓을 들고 세형동검의 형체를 찾기 시작했다. 팔목에 힘을 빼고 겸손한 각도로 붓질을 해가며 이천 년의 시차를 좁혀 갔다. 더위로 인해 흘러내리는 땀과 좁은 공간은 수습에 어려움을 더했다.

세형동검을 찾으면서 고고학자들이 발굴 경험을 쓴 책 『천 번의 붓질 한 번의 입맞춤』 글들을 생각하면서 '조금의 흠도 내면 안돼'라며 긴장된 붓질로 켜켜이 쌓인 세월의 덮개를 신중히 들어내고 털어냈다.

울산 언양 일대의 세력 있는 어느 부족장의 무덤일까? 사람의 치아가 이미 수습되었고 특이한 무덤 형태로 학술자문회의도 했다. 주목받는 유구라 약간의 부담을 갖고 발굴 과정을 비디오 녹화를 했다. 녹화가 시작된 지 이틀쯤 지나서야 드디어 동검의 칼집이 나타나고 깨진 칼집 사이로 '동검'이 조금 보이기 시작했다. 내 손으로 동검을 찾다니! 손등을 꼬집어 보기도 했다. 무덤 속에 부장해 준 그들이 고맙기도 했다.

울산 최초의 세형동검의 나무통은 이미 진흙화되어 진한

갈색 칼집이 드러난다. 옻칠이 된 칼집 속에 청동빛 칼은 20㎝ 크기로 작고 앙증맞게 남아 있다. 칼의 손잡이는 청동기와 역사시대 위세품이라 그런지 M자형 장식이 아주 세련미를 풍긴다. 화려함과 정교함이 현대의 디자인에 뒤지지 않는다. 최상의 예술품이라 그런지 정말 귀한 작품으로 국립박물관에 전시될 수 있는 청동검이라고 했다.

동검이 제작되는 과정에서 동검의 재료인 청동은 구리에 납과 주석을 혼합한다. 서로의 비율에 따라 청동의 빛깔이 달라진다. 혼합 재료를 끓여 주물이 되면 거푸집에 붓는다. 틀 속에는 주사, 즉 아주 미세한 모래를 채워서 그대로 굳히면 된다.

수습된 청동 유물은 부식 방지를 위해 실리카겔이라는 방습제를 넣어 보존과학실이나 유물 보관 수장고로 이동했다.

사람도 엑스레이 한 번 찍기가 어려운데 보존과학실에서는 귀한 유물들이 호사를 누릴 때가 많아 관찰하면 재미있는 현상도 본다. 철기 유물이나 청동 유물들은 유물에 손상 없이 이물질을 제거하고 청동의 정확한 형태를 알기 위해 엑스레이를 찍어 필름을 뷰파인더에 비춰보면서 일을 한다.

내가 기록하지 않아도 발굴이나 보존처리에 참여하면 반드시 보고서에 내 이름이 기록된다. 이 일이 일상이 된 지금, 체험으로 얻은 유물 발견의 기쁨을 준 동검을 유물 박스에 충격 완충재를 깔고 조심스럽게 옮겨 담는다.

발굴 현장에서 사용하는 줄자는 스위치를 밀면 달팽이처럼 쑥 밀어내고 감쪽같이 감아 들어가는 유구 실측에 필수품이다. 줄자를 친구삼아 인고한 세월이 올해로 십 년이다. 그 노력이 오늘 천 번의 붓질과 한 번의 입맞춤처럼 내게 동검 발견의 기쁨도 주었다.

— 지금의 울산역 근동을 발굴할 때 과정을 쓴 수필이다.

차영자 수필집

네게로 가는 길

인 쇄 2025년 11월 10일
발 행 2025년 11월 15일

지은이 차영자
발행인 서정환
펴낸곳 수필과비평사
주 소 서울시 종로구 삼일대로 32길 36(운현신화타워 빌딩) 305호
전 화 (063) 275-4000
팩 스 (063) 274-3131
이메일 essay321@hanmail.net
출판등록 제300-2013-133호
인쇄·제본 신아문예사

저작권자 ⓒ 2025, 차영자
이 책의 저작권은 저자에게 있습니다. 서면에 의한 저자의 허락 없이 내용의 일부를 인용하거나 발췌하는 것을 금합니다.
저자와 협의, 인지는 생략합니다.
잘못된 책은 바꿔 드립니다.

ISBN 979-11-5933-612-6 (03810)
값 15,000원

Printed in KOREA

※ 본 도서는 울산광역시, 울산문화관광재단에서 '2025년 예술창작활동(문학)'의 지원을 받아 발간되었습니다.